Engel
und
Chinesisches
Horoskop
2024

Astrologen

Alina A. Rubi und Angeline Rubi

Einführung

Die Engel sind Lichtwesen, deren Aufgabe es ist, uns zu helfen, uns weiterzuentwickeln und uns vor Gefahren zu schützen. Alle Menschen werden von einem Engel oder mehreren Engeln beschützt, je nach Geburtsdatum. Ihr Schutzengel sichert Ihnen Erfolg in der Liebe, im Beruf und in anderen Bereichen Ihres Lebens zu.

Manchmal sind wir so tief in einem Leben mit so viel Stress, dass wir vergessen, dass wir von Lichtwesen begleitet werden, die darauf warten, dass wir sie um Hilfe bitten. Wenn wir uns ihrer Gegenwart bewusst sind und uns entscheiden, das Geschenk zu genießen, sie in unserem Leben zu haben, wird unsere Welt mit Magie erfüllt.

Dieses 2024 Engel-Horoskop hat viele spirituelle Botschaften für dich. Wenn du dich verloren fühlst, oder wenn du dich fragst, was deine Mission in diesem Jahr 2024 ist, kannst du hier die Antworten finden. Wenn du dieses Buch gekauft hast, dann deshalb, weil das Universum versucht, dir zu sagen, was du tun und wohin du gehen sollst. Alles, was du tun musst, ist, die versteckten Botschaften zu entdecken, die die Engel dir in diesem Buch geschickt haben.

Engel gibt es seit Tausenden von Jahren, in verschiedenen Kulturen und Zivilisationen. Sie haben besondere Kräfte und haben zur menschlichen Evolution, zu Veränderungen und zur Entwicklung unserer Gesellschaft beigetragen. Die Schutzengel werden im Jahr 2024 in Ihrem Leben präsent sein, um Sie zu beschützen, Ihre Verbindungen mit der geistigen Welt zu stärken und Ihnen viele Wunder zu schenken.

Engel Beschützer deines Sternzeichens

Oftmals fühlen wir uns allein, ohne physischen und emotionalen Schutz. Auch wenn du ihn nicht sehen kannst, sind dein Schutzengel oder deine geistigen Führer immer bei dir, seit dem Tag deiner Geburt, und beschützen dich. Rufe den Namen deines Engels in den Momenten an, in denen du das Gefühl hast, Hilfe oder Rat zu brauchen, entscheide dich, dein Leben in ihre Hände zu legen, und sie werden dich auf den besten Weg führen.

Widder. Engel Anauel

Dieser Engel verleiht dem Zeichen Widder eine unverwüstliche Gesundheit und Schutz gegen die dunklen Mächte des Bösen, darunter Neid. Der Widder hat eine unnachgiebige Persönlichkeit, er wird sehr schnell verzweifelt und wütend, aber sein Mitgefühl und seine Empfänglichkeit öffnen ihm alle Türen. Dieser Schutzengel ist auch als Haniel oder Ariel bekannt. Er ist der Engel der Kreativität und der Sinnlichkeit. Er sorgt für den Erfolg bei Paaren, die Liebe und verhindert das Leiden des Herzens.

Stier. Engel Uriel

Uriel wird immer dann in dein Leben treten, wenn du ihn für Prüfungen, medizinische Studien und bei Trennungsproblemen brauchst. Uriel wird immer deinen Geist beschützen und deinen Verstand erleuchten, damit du die richtigen Entscheidungen treffen kannst.

Zwillinge. Engel Eyael

Eyael wird dich immer vor Widrigkeiten schützen und dich von Ungerechtigkeiten befreien, vor allem an dem Ort, an dem du arbeitest. Dieser Engel ist etwas ganz Besonderes, er weiß, mit wem es gut für dich ist, in Beziehung zu treten, das heißt, er wird dafür sorgen, dass du dich mit einflussreichen Menschen umgibst, die dir zum Erfolg verhelfen werden. Dieser Engel ermutigt dich, immer die positive Seite der Dinge zu sehen und ermutigt deine Gefühle der Großzügigkeit und dein Verlangen, anderen zu helfen.

Krebs. Engel Rochel

Rochel stattet das Zeichen Krebs mit einem ausgezeichneten Sehvermögen aus, um Gefahren zu erkennen, sowie mit Kreativität und Talenten, um verborgene Geheimnisse zu entdecken. Er wird alle Ihre Ängste und Ihre Feinde zu zerstören. fragen Sie ihn, um Ihnen Klarheit, Scharfsinn und Gerissenheit zu geben.

Löwe. Engel Nelkhael

Nelkhael wird Traurigkeit und geringes Selbstwertgefühl von dir fernhalten. Er wird dich vor Menschen schützen, die dich aus Neid verleumden, und er wird dir helfen, deine Verpflichtungen einzuhalten und deine Verantwortung zu übernehmen. Die Probleme des täglichen Lebens werden unter seinem Einfluss leichter zu bewältigen sein. Nelkhael bietet dir Unterstützung in deinen dunkelsten und traurigsten Momenten.

Jungfrau. Engel Melahel

Wenn **Melahel** angerufen wird, vertreibt er Gewalt aus deinem Leben und deiner Umgebung. Dieser Engel wird eine Energie liefern, die deine Feinde zurückdrängt oder dich unsichtbar macht. Er ist auch mit Harmonie und Heilung verbunden. Er wird dir Wege zeigen, wie du dich mit dem Universum verbinden und die Geheimnisse der Natur genießen kannst.

Waage. Engel Yerathel

Yerathel bietet dem Zeichen Waage viel Intelligenz und Einsicht, um deine Feinde zu erkennen. Dieser Engel verleiht dir Klarheit und Reflexionsvermögen, Eigenschaften, die es dir ermöglichen, dich mit den richtigen Menschen zu umgeben. Yerathel gibt dir die Waffen der Gerechtigkeit und erlaubt dir, weise und tolerant zu sein. Wenn du Yerathel anrufst, wirst du Erfolg haben.

Skorpion. Engel Azrael

Azrael, bekannt als der Erzengel des Todes, wird Sie vor Ungerechtigkeit retten und gleichzeitig Ihr Bild und Ihre Hoffnungen erneuern. Er erinnert Sie daran, dass das Universum Sie liebt, wird er Sie auf dem Weg der Liebe, Zärtlichkeit und Harmonie zu Hause zu führen. Wenn du den richtigen Partner treffen willst, um eine dauerhafte Beziehung zu führen und eine Familie zu gründen, rufe diesen Engel an.

Schütze. Umabel Engel

Umabel vertreibt Neid aus deinen Beziehungen und Gefühle, die dir schaden können, wie Wut, Eifersucht und Hass. Er gibt dir die nötige Eloquenz für einen ruhigen und klaren Ausdruck. Er schenkt dir die Kunst der Überzeugung. Du weißt, wie du die Waage zu deinen Gunsten ausschlagen kannst, verbesserst du deine Kommunikationsfähigkeiten, damit du weißt, wie du wichtige Dinge erklären kannst. Er hilft Ihnen, die richtigen Entscheidungen zum richtigen Zeitpunkt zu treffen.

Steinbock. Engel Sitael

Sitael, baue Schilde um dich herum, organisiere dein Leben, und wenn du nicht weißt, welchen Weg du einschlagen sollst, denke darüber nach und du wirst dich sofort konzentrieren. Wenn du deine wirtschaftliche Situation verbessern, dich von einer Krankheit heilen oder umziehen möchtest, rufe diesen Engel an und warte auf das Wunder.

Wassermann. Engel Gabriel

Gabriel wird Tag für Tag kämpfen, damit du deine Schlachten schlagen kannst. Wenn du Hilfe brauchst, weil es Menschen gibt, die dir schaden oder dich in Gefahr bringen wollen, bitte diesen Engel um Schutz. Wenn du Angst hast, dass jemand Unrecht gegen dich begeht, kannst du diesen Engel anrufen, um deinen Feind zu neutralisieren.

Fische. Engel Daniel

Daniel wird dich immer vor Krankheiten und körperlichen Schmerzen bewahren, du wirst immer aus allen Pannen und Unfällen, die dir passieren, herauskommen.

Engelskarten für jedes Tierkreiszeichen 2024

Widder. Zadquiel Engel Karte

Zadquiel ist der Engel der Barmherzigkeit; er symbolisiert

Altruismus und persönliche Selbstlosigkeit zu Gunsten
anderer. Zadquiel wird dir helfen, ein mitfühlender Mensch
zu sein. Er hilft dir, verlorene Gegenstände wiederzufinden,
dein Gedächtnis zu verbessern und dich körperlich, seelisch
und geistig zu heilen. Zadquiel wird dich unterstützen,
wenn du lernst, dir selbst und anderen zu verzeihen, dich an

wertvolle Informationen zu erinnern und zu lernen. Wenn du Vorurteile hinter dir lassen willst, rufe den Erzengel Zadquiel an, denn eine seiner Hauptaufgaben ist es, dir zu helfen, dein inneres Licht zu sehen.

Sie werden aufhören, Ihre Fehler als negative Aspekte Ihres Lebens zu betrachten, und beginnen, sie als Chance zum Lernen zu sehen. Du wirst auch deine Fehler als Segen in deinem Leben sehen, denn Perfektion ist unmöglich zu erreichen und selbst im Chaos gibt es Schönheit.

Du wirst nach Möglichkeiten suchen, dich darauf zu konzentrieren, die beste Version deiner selbst zu werden, die beste Person, die du dir vorstellen kannst. Erzengel Zadquiel ist ein höheres Wesen, das du anrufen kannst, wenn du Frustration, Traurigkeit oder Negativität empfindest. Seine Armeen können dir dabei helfen, die positive Seite aller Situationen zu finden und dich emotional besser fühlen zu lassen.

Es ist an der Zeit, alle Schuldgefühle loszulassen, die Sie wegen Fehlern, die Sie in der Vergangenheit gemacht haben, hegen. Geben Sie sich selbst Anerkennung dafür, dass Sie Ihr Bestes getan haben, auch wenn die Ergebnisse nicht so waren, wie Sie es sich gewünscht hätten. Konzentrieren Sie sich auf die Veränderungen, die Sie vorgenommen haben und die Sie zu einem besseren Menschen gemacht haben.

Stier. Engelskarte Uriel

Uriel, der Engel der Schlüssel, warnt dich, neue Wege zu beschreiten und dich vor schlechten Einflüssen zu hüten. Wenn du anfängst, an dir selbst zu zweifeln oder den Glauben zu verlieren, erinnert dich diese Karte daran, dass durch Lernen alles möglich ist. Wissen kann alle Türen öffnen, und neue Fähigkeiten können alle Schlösser öffnen. Die Flamme des Wissens stirbt nie und ist in deiner Reichweite.

Uriel wird dich niemals ohne Grund auf einen unsicheren Weg führen. Er ist da, um dich auf deinem Weg zu unterstützen und dir zu ermöglichen, deine Wahrheit zu sagen und die beste Version deiner selbst zu werden.

Diese Karte erinnert dich daran, dass du weiser bist als du denkst, und deine innere Weisheit wird dir alle Antworten geben, die du suchst. Nimm dieses Wissen an und vertraue ihm. Wenn du Zweifel hast, bitte sie, dir offensichtliche Zeichen zu geben, um deine Ideen zu bestätigen.

Uriel hilft, trübe Situationen zu erhellen. Allerdings erhellt er nur einen Schritt nach dem anderen, so dass du das Ergebnis deines Handelns vielleicht nicht klar erkennen kannst. Du musst vertrauen, denn mit Uriels Hilfe wirst du wissen, welchen Schritt du als nächstes tun musst.

Vergessen Sie nie, dass Vergebung wahre Wunder bewirken kann. Wenn du die Vergangenheit loslässt, wird eine Last von deinen Schultern genommen und ein Gefühl der Freiheit überkommt dich. Bitte Uriel, dir dabei zu helfen, Traurigkeit oder Schmerz zu lindern, die von anderen verursacht wurden, damit du frei sein kannst.

Er steht für Stärke und persönliche Brillanz.

Man muss sich seine Persönlichkeit zunutze machen, um Erfolg zu haben. Raphaels mächtigste Gabe ist seine Fähigkeit, Leben durch eine Kaskade positiver Energie zu verändern. Du kannst diesen Energiekanal durch Affirmationen oder Meditationstechniken erreichen. Im Laufe der Geschichte ist Raphael in vielen verschiedenen Religionen in Erscheinung getreten, was ihn zu einem

Erzengel macht, der für Menschen aller Glaubensrichtungen zugänglich ist.

Jetzt ist nicht der richtige Zeitpunkt, um kranke Beziehungen aufzugeben. Es gibt noch Hoffnung für die Zukunft.

In Ihrem Leben werden erhebliche Veränderungen eintreten. Du wirst vielleicht einen neuen beruflichen Weg einschlagen, eine neue Beziehung eingehen oder in ein neues Haus oder eine neue Stadt ziehen. Nehmen Sie diese aufregenden Ereignisse an, Raphael wird Ihnen dabei zur Seite stehen.

Denken Sie daran, dass sich die Zukunft immer ändert. Wenn Ihnen das Ergebnis nicht gefällt, ist dies Ihre Gelegenheit, Änderungen vorzunehmen, die das Ergebnis verändern. Wenn Ihnen das Ergebnis gefällt, bleiben Sie auf Ihrem derzeitigen Weg. Um Ihren jetzigen Weg beizubehalten, machen Sie weiter, was Sie tun. Lassen Sie es ruhig angehen oder ändern Sie die Intensität, mit der Sie derzeit arbeiten.

Rafael wird Ihnen helfen, die Auswirkungen Ihres Handelns und Ihren Lebenszweck zu erkennen.

Krebs. Haniel Engel Karte

Er steht für all das Gute, das die Erde uns bietet. Eine neue, erfolgreiche Etappe in deinem Leben wird sich zeigen.

Haniel bittet Sie vielleicht darum, langsamer zu machen und wirklich über die Maßnahmen nachzudenken, die Sie ergreifen wollen.

Haniel versucht, dich zu einer höheren Entscheidung zu führen, also lass alles beiseite, was du über deine derzeitigen Umstände oder deine Situation zu wissen glaubst, und erlaube einfach dem Universum und Haniel, dir den Weg zu zeigen.

Wenn eine schwerwiegende Entscheidung zu treffen ist, wird dieser Engel dir durch Synchronizität viele Signale senden, welcher Weg der richtige ist.

Es ist wichtig, dass du dir etwas Zeit nimmst, um dich neu zu formieren, denn dieser Engel könnte kommen, um dir die Führung zu geben, die du in diesem Moment brauchst.

Dieser Brief ist erschienen, um euch Botschaften der Hoffnung zu bringen und euch darauf hinzuweisen, dass es an der Zeit ist, euch all der Botschaften bewusst zu werden, die das Universum und Haniel euch senden.

Vielleicht brauchen Sie Antworten auf einige schwierige Fragen, oder Sie haben sich gefragt, ob sich die Dinge in Ihrem Leben jemals bessern werden. Haniel ist erschienen, um zu sagen, dass es so sein wird. Überlege dir jedoch genau, was du zu anderen sagst und was sie zu dir sagen. Haniel wird dich nie für etwas verurteilen, was du denkst oder sagst, aber er wird dich auffordern, dich auf die Dinge zu konzentrieren, die dir ein Gefühl der Freude, des Friedens und der Dankbarkeit geben.

Löwe. Gabriel Engel Karte

Gabriel zeigt dir die Dualität von Gut und Böse. Er prophezeit dir Reisen,

. Du wirst vielleicht einige Gedanken in deinem Kopf haben, die dich überraschen werden. Es ist wichtig, dass du dir vor Augen hältst, dass du ihnen umso mehr Aufmerksamkeit schenken solltest, je stärker deine emotionale Reaktion auf sie ist. Achten Sie darauf, was andere Ihnen sagen, das mit dem übereinstimmt, was Sie gedacht haben. Wenn Sie Gabriel bitten, zu bestätigen, dass das, was Sie denken, wahr ist, reagiert er immer schnell, also achten Sie darauf.

Vielleicht haben Sie Lust, Zeit mit Meditation oder dem Lesen von Selbsthilfebüchern zu verbringen. Gabriel ermutigt Sie dazu, weil er weiß, wie wichtig es ist, Ihren Geist mit positiven Gedanken zu füllen.

Gabriel gibt Ihnen die Gewissheit, dass Sie, wenn Sie Veränderungen in Ihrem Leben vornehmen und sich Herausforderungen stellen, in völliger Sicherheit sind. Er weiß, was das Beste für dich sein wird. Erinnern Sie sich daran, dass, wenn Sie gebeten werden zu warten, dies bedeutet, dass etwas Besseres als das, was Sie sich jemals vorstellen konnten, nur für Sie vorbereitet ist. Deshalb müssen Sie die Situation akzeptieren.

Überstürzen Sie nichts, wenn Sie etwas sehen, das Ihren Willen brechen könnte. Die nächste Tür wird sich öffnen, wenn die Zeit gekommen ist, und du wirst neue Kraft haben.

Jungfrau. Remiel Engel Karte

Remiel steht für die Barmherzigkeit Gottes, die zeigt, dass dir etwas verborgen geblieben ist. In diesem Jahr 2024 ist es wichtig, sich dem Erwerb von neuem Wissen, Ideen und Fähigkeiten zu widmen. Du wirst anfangen wollen zu lernen und diese Karte ermutigt dich, diesem Wunsch zu folgen.

Wenn Sie derzeit studieren, fordert Remiel Sie auf, Ihre Ausbildung fortzusetzen. Wenn wir uns neue Kenntnisse und Fähigkeiten aneignen, haben wir manchmal den Wunsch, sie schnell in der Praxis zu erproben, was dazu führt, dass viele Menschen die Schule vorzeitig abbrechen.

Diese Karte rät Ihnen, nichts zu überstürzen. Setze deine Ausbildung fort. Das persönliche Wachstum, das mit dem Lernen einhergeht, kann dir Freude bringen.

Remiel weiß, dass du viele Verpflichtungen im Leben hast und deshalb Zeit, Geld und andere Ressourcen brauchst. Diese Karte möchte Sie daran erinnern, dass regelmäßige Dosen von Unterhaltung kann Ihnen helfen, Ihre Ziele zu erreichen. Haben Sie Spaß und lachen Sie, entspannen Sie sich. In diesem Zustand wirst du empfänglicher für innovative Ideen, spirituelle Verbindungen, Lehren und göttliche Energie.

Darüber hinaus zieht Ihre Fröhlichkeit viele wunderbare Menschen an, die Ihnen helfen können. Deine heitere Einstellung zur Welt eröffnet dir neue Möglichkeiten.

Waage. St. Michael Engel Karte

Erzengel Michael repräsentiert die Gerechtigkeit und die Kräfte des Guten, die über das Böse siegen.

Ihr müsst keine Fehler verzeihen, aber wenn ihr einem Menschen vergebt, werdet ihr Frieden finden. Ihr habt viele negative Emotionen und Michael ruft euch auf, eure Seele zu reinigen. Er versteht, dass diese Gefühle völlig gerechtfertigt sein können, aber er bittet euch, den hohen Preis zu sehen, den ihr für die Anhäufung all dieses Ärgers zahlt.

Befreien Sie sich von all dem Schmerz und dem Ärger aus der Vergangenheit. Wenn du dir selbst und anderen vergibst, wird dein Karma von der Last vergangener Fehler gereinigt.

Die ganze Macht des Schöpfers ist in Ihnen. Die ganze Macht der göttlichen Liebe und Weisheit steht dir zur Verfügung. Du kannst die Engel und die Zukunft sehen, und du hast auch die Intelligenz, die universelle Weisheit des göttlichen Geistes zu erkennen.

Dank Ihrer emotionalen Kraft werden Sie in der Lage sein, andere Menschen zu konfrontieren, und Ihre psychische Kraft wird im Jahr 2024 wirklich unendlich sein.

Die Engel bitten dich, alle Ängste zu beseitigen, die mit der Anwendung von Gewalt verbunden sind. Sie sehen deine wahre Kraft aus der göttlichen Liebe heraus strahlen. Erlaube dir, mit dieser Liebe zu strahlen, damit deine wahre Kraft die Wunder vollbringen kann, die du brauchst.

Manchmal denkst du vielleicht, dass du eine Geisel der Lebensumstände bist, aber diese Karte fordert dich auf zu verstehen, dass du dein eigener Gefangener bist.

Sobald du weißt, dass du dich befreien kannst, wirst du sofort frei sein.

Alles, was du in deinem Leben tust, tust du durch deine Wahl. Selbst Gefangene haben die Freiheit, ihre Gedanken

zu wählen, und können daher unter allen Umständen
Frieden und Glück finden. Das nächste Mal, wenn Sie
einen Satz mit den Worten "Ich bin gezwungen..."
beginnen, halten Sie inne. Bitten Sie Michael, Ihnen
Alternativen zu zeigen. Er wird Ihnen helfen.

Skorpion. Raziel Engelskarte

Er ist der Engel der Geheimnisse und Mysterien. Er wird euch im Jahr 2024 die Geheimnisse der irdischen und geistigen Welt offenbaren.

In diesem Jahr beginnt in Ihrem Leben eine Zeit des geistigen Wachstums, und obwohl Sie gemischte Gefühle von Verwirrung, Angst und Überraschungen erleben werden, dürfen Sie nicht die Fassung verlieren. Legt eure Ängste ab. Raziel unterstützt dich, liebt dich und führt dich jede Sekunde. Macht euch keine Sorgen darüber, wie eure Zukunft mit eurem Wachstum harmonieren wird.

Du wirst wichtige Botschaften in deinen Träumen erhalten. Es ist eine Zeit wunderbarer Veränderungen in deinem Leben, also vertraue Raziel, er wird sich genau um das kümmern, was du willst.

Veränderungen in Ihrem Leben können schmerzhaft sein, wenn Sie in Ihren Gedanken keine Flexibilität zeigen. Wenn Sie eine neue Liebe haben, denken Sie daran, dass die Vergangenheit in der Vergangenheit bleibt, weit weg von dem neuen Glück.

Du musst deinen Horizont erweitern, und Raziel ist hier, um dir dabei zu helfen. Es ist an der Zeit, auf dein Herz zu hören. Sei dir der Bedeutung von Taktgefühl bewusst und sei nicht zu stur. Vertraue dir selbst. Mach dir keine Sorgen. Welche Herausforderung du auch immer vor dir hast, du bist auf dem Weg zur Gelassenheit.

Du brauchst Trost und dieser Engel gibt dir Vertrauen. Bald bist du vielleicht auf dem Weg zu dem Glück und der Harmonie, die du brauchst. Tu wohltätige Taten, es wird dir helfen, dich besser zu fühlen, und du wirst im Gegenzug Gutes erhalten.

Schütze. Metatron Engel Karte

Er steht für die Größe und Stärke, die ein Mensch haben sollte. Indem du Metatron in dein Leben einlädst, öffnest du dich dafür, spirituelle und energetische Heilung zu empfangen und dich von allem Negativen zu befreien. Du erhältst Schutz vor Krankheiten und natürlich kommst du der Transformation näher.

Sie müssen alle Gefühle, die Sie gerade empfinden, anerkennen, ob sie nun gut oder schlecht sind. Emotionen können uns viel über unsere wahren Gefühle und die

Menschen oder Situationen, die sie hervorgerufen haben, lehren.

Sie bekommen vielleicht Feedback von anderen Menschen, und das ist der Spiegel für Sie, um zu sehen, was in Ihnen vorgeht.

Metatron schützt dich, indem er die Stricke durchschneidet, die dich an Menschen, Orte und Dinge binden. Wenn du Angst hast, dir der Mut fehlt oder du Schutz brauchst, stell dir seinen Schutzmantel um dich herum vor, der dir hilft, deine Wahrheit zu leben. Dies ist eine besondere Karte. Du wirst geführt und unterstützt. Metatron ist gerade bei dir, und er möchte dir eine besondere Botschaft übermitteln. Schließe deine Augen, atme ein paar Mal tief durch, gehe tief nach innen und entspanne dich. Höre auf den Rat, den du erhältst.

Du bist vollkommen, und das ist eine spirituelle Tatsache. Metatron umarmt dich sanft und lässt dich wissen, dass du das perfekte geistige Wesen bist. Du bist nicht allein, egal wie du dich fühlst. Lege alle deine Sorgen in seine Hände und erlaube ihm, deine Probleme durch göttliche Führung zu heilen.

Euer Leben hat einen Sinn, und jeder Schritt ist ein wesentlicher Teil eures Weges, aber seid versichert, dass ihr immer beschützt seid und dass alle Engel mit großer Liebe über euch wachen. Vertrauen.

Steinbock. Raguel Engel Karte

Er ist der Engel, der den Menschen Ratschläge gibt, um sie auf ihrem Lebensweg zu begleiten.

Dein Seelenverwandter wird in dein Leben treten. Wenn Sie frei sind, betrachten Sie die Karte als ein Zeichen von Raguel, dass Ihr Seelenpartner anwesend ist.

Angenommen, Sie befinden sich derzeit in einer Beziehung und wissen, dass es nicht Ihr Seelenpartner ist. In diesem Fall werden Sie und Ihr Partner sanft angeleitet, die Beziehung zu verbessern oder sie würdevoll zu beenden, um eine neue Beziehung mit Ihrem Seelenverwandten einzugehen.

Wenn Sie sich besser auf Ihre Herzenswünsche konzentrieren und einen besseren Kontakt zu Ihrem höheren Selbst haben, werden Sie all die lästigen Arbeiten und Angelegenheiten erledigen können, die Sie aufgeschoben haben. Sie haben eine Liste von Zielen für dieses Jahr 2024, Sie sollten Ihren Geist klären und Ihre Gedanken besser auf das konzentrieren, was Sie wirklich wollen, und Sie werden in der Lage sein, Ihre Wünsche zu erreichen.

Die Visualisierung Ihrer Wünsche ist der schnellste Weg, die Tür zum Universum und seinem Angebot, sie zu erfüllen, zu öffnen. Machen Sie sich keine Gedanken darüber, wie Ihre Wünsche zu Ihnen kommen werden. Überlassen Sie es dem Universum.

Hören Sie auf Ihr höheres Selbst und bitten Sie die Engel, Sie zu führen. Fangen Sie an zu handeln, sobald Sie sich ermutigt fühlen. Manchmal sind die Ergebnisse vielleicht nicht das, was Sie erwartet haben, aber das ist das Schöne am Leben und am Universum. Sie werden zu dem geführt, was Sie wirklich brauchen.

Wassermann. Amiel Engel Karte

Er kündigt Veränderungen an, an die Sie sich anpassen müssen, und unerforschtes Terrain, das Sie besuchen werden.

Gönnen Sie sich eine gute Zeit mit Ihrer Familie und Ihren Freunden. Sie können viel Kraft aus denjenigen schöpfen, die Sie lieben. Wenn Sie ein Problem mit einem Familienmitglied oder einem Freund haben, ermutigt Amiel Sie, es an die Oberfläche zu bringen.

Loslassen und Heilen wird Sie befreien, was Ihnen mehr günstige Gelegenheiten verschafft. Oder eine einfache

Handlung, die darin besteht, Zeit mit Ihren Lieben zu verbringen, wird positive Ergebnisse bringen.

Je weiter du spirituell fortschreitest, desto sensibler wirst du für die dichten, negativen Schwingungen der Realität und die höheren Dimensionen der Liebe. Diese Karte ist eine Ermutigung, deinen energetischen Raum zu reinigen.

Atme in diesem Jahr entspannt durch und stelle dir vor, dass du von einer Kugel aus weißem Licht umgeben bist. Amiel bringt dir Segen.

Ihre Gebete werden erhört und beantwortet. Liebe, Finanzen, Freundschaft und Familie werden von deiner Einstellung bestimmt. Bitte Amiel, dir zu helfen, dich mit dem Respekt zu behandeln, den du so sehr verdienst. Wenn du dich in diesem Zustand des Selbstwertgefühls befindest, bist du voller positiver Energie, die auf die Menschen um dich herum überfließt. Dies ermöglicht es dir, positive und liebevolle Beziehungen anzuziehen, die dich erfüllen.

Fische. Dobiel Engel Karte

Bote der göttlichen Geheimnisse.

Ob Engel, Familie, Nachbarn oder Freunde, Sie werden
Hilfe erhalten. Indem du um Hilfe bittest, erlaubst du dem
Universum, in deinem Namen zu handeln. Glauben Sie
daran, dass Sie zu der richtigen Person oder Situation
geführt werden, die Ihnen in jeder Angelegenheit helfen
kann.

Wir sind keine Inseln für uns selbst, und wir sind nicht
verpflichtet, alle Probleme selbst zu lösen. Engel lieben es

zu teilen, und ein geteiltes Problem ist das halbe Problem. Habt keine Angst, um Hilfe zu bitten. Es gibt Wunder, und Sie haben ein Recht darauf.

Sie müssen sich selbst ermutigen, positiv zu bleiben und sich nur auf das zu konzentrieren, was Sie wollen. Wenn Sie an das denken, was Sie nicht wollen, bleiben die negativen Ergebnisse erhalten. Selbst eine kleine Konzentration auf positive Gedanken kann Ihr Leben zum Besseren verändern.

Wenn Sie das Gefühl haben, dass es Ihnen an einer positiven Einstellung mangelt, bitten Sie das Universum um Hilfe und - was am wichtigsten ist - glauben Sie daran, dass es Ihnen helfen wird. Schon dieser kleine Akt wird einen spürbaren Unterschied in Ihrem Leben bewirken.

Sie haben die Fähigkeiten, das Selbstvertrauen und das Wissen, um ein erfolgreiches Unternehmen zu führen. Worauf wartest du noch? Mit dieser Karte will Dobiel dir sagen, dass du das Talent hast, mit deinem eigenen Unternehmen erfolgreich zu sein. Wenn du dachtest, du würdest dich in diesem Jahr 2024 selbständig machen und anfangen zu arbeiten, ist diese Karte ein gutes Zeichen dafür, dass deine Intuition richtig ist. Manchmal ist es schwierig, den ersten Schritt zu tun, seien Sie versichert, dass Dobiel Sie in dieser Angelegenheit führt, und vertrauen Sie ihm.

Die Bedeutung von 2024

2024 ist die perfekte Zahl zum Schaffen. In der Tat ist ihre Schwingung mit einem riesigen Reich unendlicher Möglichkeiten verbunden.

Diese Schwingung kann verschiedene Formen annehmen. Es kann um die Gestaltung Ihrer Zukunft gehen oder darum, dass Sie sich ein Bild davon machen, wie Ihr Leben aussehen wird, wenn Ihre tiefsten Wünsche in Erfüllung gehen. Das wird Ihnen die Motivation geben, die Sie brauchen, um in Ihrem Leben voranzukommen.

2024 ist ein kraftvolles Jahr, weil sich deine übersinnlichen Sinne verstärken werden. Wenn Sie den Wunsch haben, mehr Intuition zu haben oder Ihre Wahrnehmung zu öffnen, ist dies das perfekte Jahr, um dies zu tun. Es ist die perfekte Zeit, um im wahrsten Sinne des Wortes zu erschaffen. In der Tat ist es eine höchst kreative Engelszahl.

Engelsfarben für körperliche und geistige Heilung im Jahr 2024

Die Farben, die uns umgeben, und die Farben, die wir wählen, um unser Leben zu schmücken, haben eine Bedeutung und spezifische Schwingungen, die uns auf unterschiedliche Weise beeinflussen.

Alle Farben beeinflussen unsere Stimmungen und Gefühle. Deshalb werden Farben zur Behandlung von Krankheiten, zum Schutz, zum Anlocken eines Seelenverwandten und zum Erheben des Geistes verwendet.

Die Wirkung von Farben auf den menschlichen Geist und die Fähigkeit, mit ihnen Emotionen und Situationen auszudrücken, wird seit prähistorischen Zeiten genutzt. Aus diesem Grund ist die Bedeutung von Farben für das Fortbestehen unserer Spezies und unser Überleben von grundlegender Bedeutung.

Die Bedeutung von Farben kann auf einer emotionalen und spirituellen Ebene ausgedrückt werden. Auf der emotionalen Ebene spüren wir den Einfluss der Farbe auf das Nervensystem. Unterschiedliche Farben rufen unterschiedliche Gefühle hervor. Farben können Aktivität, Ruhe, Angst oder Gelassenheit hervorrufen, so dass unsere Stimmungen von den Farben beeinflusst werden, die wir für unsere Kleidung und unsere Umgebung wählen.

Widder. Grün Farbe 2024

Grün ist eine Farbe, die für die Heilung verwendet wird, da sie Wohlbefinden erzeugt. Sie gilt als die optimale Farbe für die Heilung, stimuliert das Wachstum, die Lebenskraft, bringt Körper und Geist ins Gleichgewicht und stärkt. Grün ist verjüngend und entzündungshemmend. Es fördert das Gedächtnis, lindert Paranoia und nervöse Erschöpfung.

Grün hat eine lindernde Wirkung auf das Nervensystem, beruhigt Reizungen und lindert Schmerzen. Körperlich steht es in Verbindung mit Muskeln, Knochen und Lunge. Es ist gut für die Behandlung von Problemen im Zusammenhang mit dem Herz- und Kreislaufsystem. Er gleicht den Blutdruck aus.

Grün ist heilsam bei Gefühlen der Reue und bei der Überwindung einschränkender Emotionen. Grüne Energie ist heilsam bei Unsicherheit und Gefühlen der Unzulänglichkeit.

Grün hilft, Hindernisse zu überwinden und die Richtung zu ändern, stimuliert die Hypophyse und ist wirksam bei emotionalen Ungleichgewichten. Es kann gegen Panikattacken und Süchte eingesetzt werden.

Stier. Braun Farbe 2024

Braun hilft, Hyperaktivität, Bluthochdruck und Angstzustände zu kontrollieren, da es erholsam ist. Braun kann auch helfen, schmerzhafte Situationen zu lindern, sowohl körperlich als auch emotional, da es eine stabilisierende Wirkung hat und ein Gefühl der Heilung vermittelt. Sie erleichtert die Verbindung mit der Erde und gibt ein Gefühl der Ordnung.

Braun hilft bei der Stabilität aller Körpersysteme und des Immunsystems.

Zwillinge. Gelbe Farbe 2024

Gelb wird zur Linderung von Depressionen eingesetzt, da es Gefühle der Freude und des Glücks hervorruft.

Gelb stimuliert den Geist und das Nervensystem, aktiviert das Gedächtnis und die Kommunikation. Es ist mit der Leber, Magen, Schilddrüse, Rohre, Dick- und Dünndarm verbunden.

Gelb wird zur Kontrolle der Nebennieren, der Gallenblase, der Leber und des Magens verwendet.

Gelb kann zur Behandlung von psychischen Problemen wie Depressionen und Melancholie eingesetzt werden. Diese Farbe hilft einem schwachen Gedächtnis und kann zur Behandlung von psychischer Erschöpfung eingesetzt werden. Sie kann auf Ängste einwirken und allmählich Spannungen abbauen. Diese Farbe steht im Zusammenhang mit Selbstwertgefühl, Ego, Mut und Selbstvertrauen.

Krebs Rot Farbe 2024

Rot wird zur Behandlung lähmender Zustände und zur Stimulierung der Lebensenergie verwendet. Es wirkt revitalisierend und hilft, Depressionen und Melancholie zu überwinden. Es ist eine Hilfe für diejenigen, die Angst vor dem Leben haben.

Diese Farbe steht im Zusammenhang mit den Nebennieren und den Sinnen Hören, Riechen, Schmecken, Sehen und Tasten. Rot wird mit dem Kreislaufsystem, dem Herzen, den Sexualorganen und der Blase in Verbindung gebracht. Rot lässt das Hämoglobin ansteigen und erhöht die Körpertemperatur.

Diese Farbe ist vorteilhaft bei Schwächezuständen, zur Behandlung von Arthritis, Muskelschmerzen und bakteriellen Erkrankungen, sie regt auch den Stoffwechsel an.

Wenn Sie jemand sind, der dazu neigt, in der Vergangenheit zu leben, hilft Ihnen Rot, im Moment zu verankern.

Löwe. Rosa Farbe 2024

Rosa hat heilende Eigenschaften, ist aber auch die Farbe der bedingungslosen Liebe.

Diese Farbe kann den Blutdruck, den Herzschlag und den Puls erhöhen, sie stimuliert auch das Selbstvertrauen.

Sie hilft, die Jugendlichkeit wiederherzustellen, wird bei mangelnder Selbstliebe und Einsamkeitsgefühlen eingesetzt und dient zur Linderung von Eifersucht. Sie kann auch zur Beruhigung emotionaler und mentaler Probleme eingesetzt werden, ist sehr entspannend und fördert Gefühle der Zufriedenheit.

Jungfrau. Graue Farbe 2024

Die Farbe Grau eignet sich hervorragend zur geistigen und körperlichen Reinigung. Grau zieht negative Energie aus dem Körper und ersetzt sie durch positive Energien.

Sie ist die Farbe des Intellekts und der inneren Weisheit. Sie fördert und stärkt Geduld und Beharrlichkeit. Grau wird als eine klassische und elegante Farbe wahrgenommen. Es ist die Farbe der Würde und Autorität.

Waage. Farbe Blau 2024

Blau symbolisiert Gelassenheit und Seelenfrieden. Es ist eine Farbe, die das Bewusstsein und die Verbindung mit den Engelsreichen erhöht.

Diese Farbe senkt den Blutdruck, beruhigt das Nervensystem und wirkt entzündungshemmend. Sie bringt Ruhe, Seelenfrieden und lindert Schmerzen.

Sie ist schlafregulierend, entspannend und erfrischend und bringt geistige Klarheit. Blau steht für Inspiration und geistige Erweiterung.

Goldener Skorpion Farbe 2024

Gold ist eine heilende und transformierende Farbe.

In der Farbtherapie wird sie zur Überwindung von Abhängigkeiten eingesetzt, und sie wirkt antidepressiv und inspirierend.

Gold wird mit Selbstvertrauen und Selbstwertgefühl, Kreativität, Fülle und Wohlstand in Verbindung gebracht.

Schütze. Orange Farbe 2024
Mut und Vitalität

Die heilenden Energien der Orange stimulieren das innere Bewusstsein. In der Therapie wird die Orange zur Revitalisierung der Energien eingesetzt. Sie wird bei emotionalen Beschwerden und bei depressiven Zuständen eingesetzt, da sie Freude und Interesse am Leben weckt. Sie kann mangelndes Selbstvertrauen vertreiben und hat eine krampflösende Wirkung auf den menschlichen Körper.

Es wird zur Behandlung von Asthma, Bronchitis und anderen Atemwegsproblemen eingesetzt. Außerdem hilft es, die Sehkraft zu erhalten und stärkt das Immunsystem.

Orange stärkt den Ätherkörper und fördert die allgemeine Gesundheit.

Steinbock. Magenta Farbe 2024

Magenta ist eine Farbe, die mit heilenden Fähigkeiten in Verbindung gebracht wird. In der Therapie ist sie die Farbe der Heilung und wird zur Behandlung von Problemen im Zusammenhang mit dem Gehirn und zur Beruhigung von Gefühlen der Frustration eingesetzt.

Diese Farbe kann verwendet werden, um Ruhe und Frieden zwischen denjenigen auszuhandeln, die uneins sind.

Magenta wird mit starken, aber kontrollierten Leidenschaften in Verbindung gebracht; es ist eine Farbe, die zu Kühnheit ermutigt.

Diese Farbe steht für Mitgefühl und Freundlichkeit und ist die Farbe des emotionalen Gleichgewichts und der universellen Harmonie.

Sie ist die Farbe des Wandels und der Transformation und hilft Ihnen, alte Verhaltensmuster loszulassen, die Ihre persönliche und spirituelle Entwicklung behindern, und ermutigt uns, die Verantwortung für die Schaffung unserer eigenen Realitäten zu übernehmen.

Wassermann. Weiß Farbe 2024

Die Farbe Weiß stimmt uns auf eine höhere spirituelle Frequenz und göttliche Liebe ein. Sie fördert die geistige Klarheit und ermutigt uns, Hindernisse zu beseitigen.

Sie hat reinigende Eigenschaften, hilft, klar zu denken und Wahrheiten zu enthüllen. Sie ist eine heilende Farbe und hat die Kraft der Transformation.

In der Therapie wird die Farbe Weiß zur Stimulierung des Bewusstseins und zur Heilung von Krankheiten eingesetzt, indem sie alle geistigen Systeme ins Gleichgewicht bringt.

Die Schwingungen der Farbe Weiß sind die schnellsten im Spektrum und umfassen alle Farben. Sie gilt als die Farbe der Wahrheit, der Reinheit, der Neutralität, des Friedens und der Harmonie.

Fische. Silber Farbe 2024
Silber ist eine heilende Farbe, die das spirituelle Wachstum fördert. Sie entfernt negative Energien aus dem Körper und ersetzt sie durch positive Energien. Sie steht im Zusammenhang mit Wiedergeburt und Reinkarnation und der Heilung von hormonellen Ungleichgewichten. Sie ist eine ausgezeichnete Farbe für die emotionale und mentale Reinigung, da sie auf die Emotionen wirkt.

In der Therapie wird die Silberfarbe bei hormonellen Ungleichgewichten und gynäkologischen Erkrankungen eingesetzt.

Die silberne Farbe symbolisiert die schützenden Energien, es stellt die mystische und geheimnisvolle. Die silberne Farbe hilft zu beseitigen und zu neutralisieren dunkle Energien.

Engelsvorhersagen nach Zeichen 2024

Widder Vorhersagen

Das Jahr 2024 zeigt an, dass Liebe, neues Verständnis und Leidenschaft auf Sie warten. Unerwarteter Reichtum könnte Ihnen zustattenkommen und Ihnen Sicherheit in Ihrem finanziellen Leben geben. Aber denken Sie daran, dass Sie die Ungewissheit annehmen und für unerwartete Veränderungen in Ihrem Leben offen sein müssen. In Ihrem Berufsleben werden Sie Erfolg und Anerkennung haben.

Eine glänzende Zukunft wartet auf Sie. Es ist ratsam, dass Sie in sich gehen und sich die Qualitäten zunutze machen, die Sie seit Ihrer Kindheit haben. Denken Sie daran, dass Reifung nicht bedeutet, dass Sie Ihre reinste Essenz aufgeben, sondern dass Sie ihr erlauben, mit Ihnen zu wachsen. Sie werden die Möglichkeit haben, eine Arbeit zu finden, die Ihren Interessen besser entspricht und die Ihr Leben in vielerlei Hinsicht, nicht nur in wirtschaftlicher Hinsicht, stimulieren wird.

Taurus Vorhersagen

In diesem Jahr 2024 werden Sie auch im materiellen Bereich Glück haben, aber Sie werden sich anstrengen müssen, um alles zu erreichen, was Sie sich gewünscht haben.

Sie werden viel wirtschaftlichen Wohlstand und innere Freude erfahren. Sie müssen darauf vorbereitet sein, im wirtschaftlichen Bereich Schutz zu erhalten, der Wohlstand wird in Ihrem Leben so erscheinen, dass materielle Unannehmlichkeiten verschwinden. Sie werden ein neues Leben beginnen und auch geistigen Reichtum erlangen.

Bei der Lösung der Probleme kann es zu Schwierigkeiten kommen, deshalb müssen Sie zuversichtlich und selbstbewusst sein, denn alles wird eine Prüfung sein, die Sie meistern können.

Ihr Engel empfiehlt Ihnen, sich von konfliktreichen Situationen fernzuhalten und zu versuchen, Kritik von Arbeitskollegen zu neutralisieren.

Bleiben Sie diszipliniert, ohne die Suche nach einem Job zu vernachlässigen, der Ihnen bessere Bedingungen und eine gesündere Umgebung bietet. Sie werden das Jahr mit mehreren Vorschlägen auf dem Tisch beenden, denken Sie daran, um göttliche Erleuchtung zu bitten, um die besten Entscheidungen zu treffen.

Vorhersagen für Zwillinge

Liebe und Sicherheit kommen in diesem Jahr zu Ihnen. Sie werden einen Partner mit Stabilität und voller Glück haben.

Liebe und Freude. Das Licht der Liebe kommt in euren Leben, ihr müsst nur geduldig sein. Genießen Sie die Stabilität und das Glück, das auf dem Weg ist und dass Sie mit offenen Armen empfangen sollten. Lassen Sie die Gefühle der Einsamkeit hinter sich und empfangen Sie die reine Liebe, die für Sie reserviert ist. Ihre Träume sind dabei, wahr zu werden. Ihre Wünsche werden vielleicht nicht genau so erfüllt, wie Sie es sich gewünscht haben, aber letztendlich wird die Belohnung genau das sein, was Sie erwartet haben.

Ihr Engel warnt vor Situationen, die sich verschlimmern können, wenn Sie nicht die nötige Aufmerksamkeit aufbringen. Seien Sie besonders vorsichtig bei Unterleibsproblemen oder Unwohlsein, da diese sogar die Fortpflanzungsorgane beeinträchtigen könnten. Rechtzeitige Aufmerksamkeit wird Ihre Gesundheit erhalten.

Nach einer Periode, in der Ihre Finanzen von den Wellen aufgewühlt wurden, kehrt in diesem Jahr Stabilität in Ihr Leben zurück.

Vorhersagen für Krebs

Erinnern Sie sich daran, wie magisch die Welt um Sie herum in Ihrer Kindheit zu sein schien? Die Engel bitten dich, dieses magische Gefühl für dich selbst wiederherzustellen, indem du dich an die wunderbaren Kräfte um dich herum erinnerst. Die Engel wollen Sie wirklich unterstützen, Ihnen helfen, unnötige Ängste abzulegen, um Freude und Spontaneität wie ein Kind auszustrahlen.

Sie werden Ihre Freiheit vor allen anderen Werten schützen, ungeachtet der Kritik anderer oder der möglichen Diskussionen, die in diesem Zusammenhang entstehen könnten.

Es ist gut möglich, dass Sie beginnen, sich allein wohler zu fühlen als in Unternehmen, in denen Sie nicht wachsen können. Reisen und lange Gespräche mit Freunden geben Ihnen vielleicht den Anstoß, den Partner zu wechseln oder die Bedingungen der Beziehung zu überdenken.

Es wird ein Jahr der Prüfung, denn nur die, die das Leben auf der Autobahn verstehen, werden bleiben, während die, die es nicht verstehen, sicherlich andere Wege einschlagen werden.

Vorhersagen für Leo

Du bist nicht allein; die Schutzengel wollen dir sagen, dass sie dich nie verlassen werden. Nichts, was du gedacht, gesagt oder getan hast, kann deine göttlichen Assistenten abwehren.

Bleiben Sie in Ihren alltäglichen Lebenssituationen ruhig, denn in diesem Jahr könnten Sie weiterhin unter Schlaflosigkeit leiden. Versuchen Sie nicht, sich mehr zuzumuten, als Sie verkraften können, und Sie werden positive Veränderungen in Ihrer körperlichen und geistigen Gesundheit erleben.

In Ihrer Wirtschaft wird es im Jahr 2024 zu bedeutsamen Veränderungen kommen. Sie sollten sich von Menschen distanzieren, die Ihnen mit ihrer Einstellung Energie wegnehmen, anstatt sie Ihnen zu geben. Haben Sie keine Angst vor Neuem, denken Sie daran, dass Ihr Engel bereit sein wird, Ihnen zu helfen, einen neuen Job auf optimale und beschleunigte Weise zu bekommen.

Dein Engel empfiehlt dir, dich auf deine Arbeit zu konzentrieren und den Konkurrenzkampf deines Zeichens beiseitezulassen, denn der ganze Energiefluss wird zu Meisterwerken führen, wenn du dich konzentrierst.

Ihre persönliche Brillanz wird unverkennbar sein, gefühlsmäßige Möglichkeiten werden sich vervielfachen, deshalb empfehlen Ihnen Ihre Engel, vorsichtig zu sein und

Versuchungen zu vermeiden, um Ihre Energie auf den richtigen Weg zu lenken.

Jungfrau Vorhersagen

In diesem Jahr solltest du einen Beruf wählen, den du liebst. Die Engel helfen dir, diese Talente in dir zu finden.

Sei auf unerklärliche Ereignisse vorbereitet und mach das Beste aus jeder Gelegenheit. Die weisen Engel bieten dir an, die Gewohnheit loszuwerden, die dich daran hindert, vorwärtszukommen. Tu eine Vielzahl von Dingen und beobachte dein Leben mit Interesse. Wenn der vor dir liegende Weg kompliziert ist, tu so, als würdest du einen unbekannten Ort erforschen. Die Engel inspirieren dich, mit Erwartung und Hoffnung vorwärtszugehen.

Sie werden die Möglichkeit haben, Ihr Gefühlsschicksal zu gestalten, Zweifel beiseitezulassen und ein wenig mehr Risiko einzugehen.

Treffen Sie die notwendigen Vorkehrungen, denn eine Ermutigung oder eine Auszeichnung wird viele Menschen dazu bringen, Sie, um Ihre Erfolge zu beneiden. Ihr Engel empfiehlt Ihnen, Ihr Selbstwertgefühl zu stärken und zu erkennen, dass Sie ein Wesen voller Gaben sind und das Beste verdienen, was das Universum Ihnen geben kann.

Wenn Sie einen stabilen Partner haben, wird das Jahresende eine sehr günstige Zeit sein, um Verpflichtungen voranzutreiben, die den Zusammenschluss von Familiengruppen und die Neuorganisation betreffen. Große Investitionen, die von Ihrem Partner unterstützt werden, werden erfolgreiche Ergebnisse haben.

Waage Vorhersagen

Das ist in diesem Jahr 2024 besonders wichtig für dich. Du musst öfter meditieren. Um dies zu tun, wenn Sie morgens aufwachen, bleiben Sie im Bett für die ersten fünf Minuten mit geschlossenen Augen und atmen Sie tief. Sprich mit ihnen und höre dann aufmerksam zu, welche Botschaft dir übermittelt wird.

Die Engel sagen Ihnen, dass Sie sich von allen Aktivitäten fernhalten sollen, die nicht Ihren Absichten entsprechen.

Alle Probleme, die mit deiner Arbeit, deinen Beziehungen und deiner Gesundheit zu tun haben, werden überraschend und erfolgreich gelöst werden. Die Engel werden dich ständig zu Handlungen führen, die zu Korrekturen jeder negativen Situation führen.

Ihr Engel wird Ihnen den Weg zur Versöhnung mit denen zeigen, die Sie verlassen haben, und Sie daran erinnern, dass es keine gute Idee ist, sich von denen zu trennen, die Ihnen stets die Treue gehalten haben.

Es kann zu Allergien und Rachenbeschwerden kommen.

Ihr Engel wird Ihr soziales Leben bis zu ungeahnten Grenzen aktivieren. Halten Sie ein entspanntes Tempo ein und vermeiden Sie sehr anstrengende Übungen.

Skorpion Vorhersagen

In diesem Jahr 2024 musst du auf deine Intuition vertrauen. Das ist es, was die Engel dir sagen. Die intuitiven Gefühle, die du fühlst, die Visionen, die innere Stimme, all das sind Versuche, dir etwas Wichtiges mitzuteilen, also musst du diesen Richtlinien vertrauen und folgen.

Denken Sie daran, dass, wenn Sie gebeten werden zu warten, dies bedeutet, dass etwas Besseres als das, was Sie sich jemals vorstellen konnten, nur für Sie vorbereitet ist. Deshalb müssen Sie Ihre Einstellung ändern und die Situation akzeptieren. Entspannen Sie sich.

Bitte deinen Engel, dich in diesem Jahr zu unterstützen, damit du auf den göttlichen Rat hören kannst. Überstürze nichts, wenn du etwas siehst, das deinen Willen brechen könnte. Die nächste Tür wird sich öffnen, wenn die Zeit gekommen ist, und du wirst neue Kraft gewinnen.

Die Engel werden dir helfen, deine romantischen Bedürfnisse zu erfüllen. Bitten Sie um ihre Hilfe und nehmen Sie sie an. Die Engel helfen dir bei der Suche nach der Liebe deines Lebens, sie führen dich und zeigen dir den Weg zur Erfüllung deiner Wünsche. Vielleicht verspürst du zum Beispiel den sehnlichen Wunsch, an einen bestimmten Ort zu gehen. Dort werden Sie eine Person treffen, mit der Sie sich in einer Liebesbeziehung verbinden werden.

Die Engel wollen auch, dass du deine Ausbildung verbesserst.

Vorhersagen für Schütze

Ein neues Kapitel in Ihrem Leben beginnt. Du wirst einen neuen Partner haben, oder eine alte Beziehung wird wiederhergestellt werden. Öffnen Sie Ihr Herz für das neue Gefühl der Liebe, das zu Ihnen kommen wird.

Schauen Sie sich die Menschen, denen Sie auf Ihrem Weg begegnen, genau an, seien Sie offen für Veränderungen in bestehenden Beziehungen und hängen Sie nicht zu sehr an Ihren alten Vorstellungen über sie. Es ist eine Zeit wunderbarer Veränderungen in deinem Leben, also vertraue den Engeln.

Manche Veränderungen in Ihrem Leben können schmerzhaft sein, wenn Sie nicht genügend Flexibilität in Ihrem Denken und Handeln zeigen. Wenn Sie eine neue Liebe haben, denken Sie daran, dass die Vergangenheit in der Vergangenheit bleiben muss, weg von dem neuen Glück.

Ihre gegenwärtige Beziehung kann enden oder im Gegenteil in eine neue Phase der erneuerten Liebe eintreten. Die Engel bitten Sie, ihnen zu vertrauen und ihren Anweisungen zu folgen.

Wenn Sie bereits eine enge Beziehung zu einer Person haben, bitten die Engel Sie, ihr eine Chance zu geben und zu entscheiden, was Sie mit ihr machen wollen: Versuchen Sie, eine neue Ebene zu entwickeln, oder beenden Sie sie, um einer neuen Liebe Platz zu machen. In beiden Fällen werden die Engel mit dir sein und dir helfen, den richtigen Weg zu wählen!

Vorhersagen für Steinbock

Es ist an der Zeit, sich weiterzubilden. Die Engel raten dir, nicht deine Kraft oder Zeit für diese Tätigkeit zu sparen, sondern zu lesen, zuzuhören und dich zu entwickeln.

In diesem Jahr ist es wichtig, sich dem Erwerb von neuem Wissen, Ideen und Fähigkeiten zu widmen. Du wirst anfangen wollen zu lernen, und wenn du gerade studierst, fordern die Engel dich auf, deine Ausbildung fortzusetzen.

Manchmal haben wir beim Erwerb neuer Kenntnisse und Fähigkeiten den Wunsch, diese schnell in der Praxis zu erproben, und das führt dazu, dass viele Menschen die Schule vorzeitig abbrechen. Setze deine Ausbildung fort.

Das persönliche Wachstum, das mit dem Lernen einhergeht, kann Ihnen Freude bereiten, wenn Sie sich daran erinnern, dass Ihre Gedanken im Hier und Jetzt

bleiben müssen. Bitten Sie Ihre Engel, Ihnen zu helfen, die
Angst vor Armut loszuwerden, damit Sie das Wachstum der
Fülle voll genießen können. Die Engel berichten über den
Zustrom von Fülle in deinem Leben. in deinem Leben.
Glauben Sie weiter daran, dies wird Ihnen ständige
materielle, emotionale, spirituelle und intellektuelle
Unterstützung geben.

Wassermann Vorhersagen

Entspannen Sie sich dieses Jahr und geben Sie den Engeln die Chance, Ihnen zu helfen. Was immer du aufgibst, wird durch etwas Besseres ersetzt werden.

Du verhältst dich starrsinnig, was dir nichts Gutes bringt und nicht zulässt, dass Glück und Gesundheit in dein Leben treten.

Wenn Sie in der Liebe unglücklich sind, wenn Sie beruflich nicht vorankommen, familiäre oder finanzielle Probleme haben oder krank sind, lassen Sie die Engel die Situation bereinigen.

Wenn Sie hartnäckig an unfruchtbaren Aspekten Ihres Lebens festhalten und befürchten, dass die Dinge noch schlimmer werden, dann werden sie das auch. Wenn Sie jedoch bereit sind, sich von der Situation zu befreien, die Sie bedrückt, wird sich die gegenwärtige Situation auf wunderbare Weise verbessern.

Die Engel bitten dich, nicht zu versuchen, den Ausgang deiner derzeitigen negativen Situation zu kontrollieren. Lass es los.

Die Engel bestätigen, dass Sie sie durch Ihre eigenen Gefühle, Träume, Visionen und Intuition wirklich hören und dass es sich nicht um Halluzinationen handelt. Wenn Sie plötzlich den Wunsch haben, jemanden anzurufen, irgendwohin zu gehen, etwas zu lesen, ist es wichtig, dass

Sie diesen inneren Impulsen folgen, die Engel bitten Sie, alle Zweifel an der göttlichen Führung aufzugeben.

Vorhersagen für Fische

Die Engel wissen um deine vergangenen Enttäuschungen, die deinen Glauben an dich selbst, an andere und sogar an die Engel untergraben haben, doch sie erinnern dich daran, wie wichtig es ist, deinen Glauben zu bewahren.

Die Engel wissen, dass Sie, wie jeder andere auch, in der Vergangenheit Fehler gemacht haben. Diese Fehler ändern jedoch nichts an eurer wahren Natur. In dir steckt ein Teil der göttlichen Natur, die unfehlbar ist. Die Engel bitten dich, an dich selbst zu glauben. Versuchen Sie sicherzustellen, dass Ihre Gedanken und Gefühle Ihre wahren Absichten widerspiegeln.

Die Engel bitten dich, deine Ziele sorgfältig auszuwählen und sie mit Liebe zu erreichen. Visualisiere dich in anderen glücklichen, erfolgreichen und friedlichen Menschen. Indem du dich an hoch spirituelle Absichten hältst, hilfst du dir und anderen. Die Engel bitten dich, negative Gedankengewohnheiten durch positive zu ersetzen, bitte einfach um ihre Hilfe.

Spirituelle Gesetze für jedes Zeichen im Jahr 2024

Widder. Gesetz der Intention

Intentionen sind mächtiger als Wünsche. Absichten setzen eine Kraft frei, die Dinge geschehen lässt. Was auch immer Ihr Ziel im Leben ist, wenn Sie die Energie sammeln und Ihre Ziele in Ihrem Geist festhalten, unterstützt die Kraft des Universums Ihre Vision. Das ist die wahre Macht der Absicht.

Bei der Bewertung des Karmas werden die Absichten berücksichtigt. Wenn Ihre Absichten ehrenhaft sind, werden Sie für die Reinheit Ihrer Ideale belohnt. Es ist die Absicht, die die Korrektheit einer Idee oder eines Projekts signalisiert. Achten Sie darauf, dass Ihre Absichten nicht aus dem Ego kommen, sondern dem höchsten Gut dienen, denn die universelle Energie unterstützt das höchste Gut.

Die universelle Energie unterstützt Ihre Absicht, sie ist die Grundlage für Manifestationen.

Stier. Gesetz des Reflexes

Der Spiegel des Universums ist so genau, dass Ihre tiefsten Geheimnisse in den Reflexionen erscheinen, die Sie von sich selbst sehen. Jede Person und jede Situation in deinem Leben ist ein Spiegel deiner Aspekte, ob gut oder schlecht, positiv oder negativ.

Wenn das Universum dir jemanden oder etwas in deinem Leben präsentiert, ist das ein Spiegel. Das spirituelle Gesetz der Reflexion erinnert uns daran, in den Spiegel zu schauen und uns zu verändern. Je mehr du dich an einer Eigenschaft einer anderen Person störst, desto mehr macht dich deine Seele auf ein Spiegelbild aufmerksam, mit dem du dich auseinandersetzen musst.

Wenn das Universum Ihre Aufmerksamkeit auf etwas lenken will, gibt es Ihnen drei Reflexionen, die Sie sich ansehen und analysieren können.

Was oder wer auch immer in Ihr Leben tritt, schauen Sie in den Spiegel und analysieren Sie, was es Sie lehren muss. Wenn du das Gesetz der Reflexion einmal verstanden hast, kannst du dein spirituelles Wachstum ausweiten, indem du dir ansiehst, was das Leben dich zu lehren versucht.

Zwillinge. Gesetz des Flusses

Wir alle leben in einem Universum, das aus Energien besteht. Alles fließt, alles verändert sich. Das Gesetz des Flusses regelt alle Bereiche unseres Lebens.

Wenn etwas gesättigt ist, kann nichts Neues hinzugefügt werden. Wenn Sie Dinge anhäufen, sei es Geld, Kleidung, Autos, Ideen oder alte Enttäuschungen, ist kein Platz mehr für neue positive Dinge. Damit das Neue in dein Leben treten kann, musst du die Vergangenheit loslassen.

Wenn Sie an alten Gefühlen festhalten, werden Sie voller alter Erinnerungen sein, die verhindern, dass glücklichere Dinge eintreten können.

Sobald Sie Dinge aus Ihrem Haus und Ihrem Leben entfernen, die Sie nicht brauchen, wird das Gesetz des Flusses dafür sorgen, dass etwas anderes diesen Platz einnimmt. Es ist Ihre Wahl, ob Sie den Müll durch noch mehr Müll ersetzen oder ob Sie Ihre Bewusstseinsebene verändern, um etwas Höheres anzuziehen. Wenn Sie die gleichen Überzeugungen beibehalten, werden die gleichen Umstände oder Szenarien wiederkehren.

Wenn man anfängt, Änderungen vorzunehmen, und seien sie noch so unbedeutend, muss automatisch etwas anderes und Neues hinzukommen.

Wenn Sie wollen, dass etwas anders ist, machen Sie es anders.

Krebs. Gesetz des Widerstands

Jedes Mal, wenn Sie sich auf etwas konzentrieren, ziehen Sie es an. Mit deinen Gedanken und Überzeugungen lädst du Menschen, Situationen, Erfahrungen und materielle Dinge in dein Leben ein. Wenn sie dann kommen und du sie nicht wirklich willst oder brauchst, wirst du versuchen, ihnen fernzubleiben.

Viele Menschen berufen sich auf das Gesetz des Widerstands, ohne sich dessen bewusst zu sein, dass sie es tun. Ihr Unterbewusstsein und der universelle Verstand funktionieren ähnlich wie ein Computer. Sie können einem Computer nicht sagen, dass er ein bestimmtes Dokument nicht anzeigen soll, wenn Sie es angeklickt haben, denn er ist nicht darauf programmiert, widersprüchliche Anweisungen zu akzeptieren. Er wird davon ausgehen, dass Sie diese Datei wollen und sie auf den Bildschirm bringen. Ihr bewusster Verstand kennt den Unterschied zwischen einer negativen und einer positiven Anweisung, aber Ihr Unterbewusstsein kann den Unterschied nicht erkennen.

Wenn Sie ständig eine Aussage machen, werden Sie Zugang zu Ihrem Unterbewusstsein bekommen. Manche Menschen werden zum Beispiel krank, weil sie sich gegen Krankheit wehren. Sie denken ständig: "Ich will nicht krank werden", das Wort "krank" dringt ständig in ihr Unterbewusstsein ein, bis sie krank werden.

Die Worte "Nein, ich kann nicht, ich will nicht" sind Worte, die das Gesetz des Widerstands verkünden.

Das Gesetz des Widerstands wird durch das Opferbewusstsein aktiviert, durch jemanden, der andere für sein Schicksal verantwortlich macht, der glaubt, dass die Welt ihm etwas schuldet, und der sich selbst bemitleidet. Wenn jemand denkt, dass er unglücklich ist, dann ist er ein Opfer, das sich der Fülle widersetzt.

Löwe. Gesetz der Projektion

Alle Aspekte von uns selbst spiegeln sich in uns wider. Alles, was wir außerhalb von uns wahrnehmen, ist eine Darstellung von etwas, das wir in uns haben. Daher ist alles, was wir im Außen sehen, eine Projektion. Wir projizieren unsere Energie, positive wie negative, auf alle Menschen und nehmen an, dass sie in ihnen sind, und leugnen, dass sie in uns sind.

Jedes Mal, wenn Sie die Worte "du bist", "er ist" oder "sie ist" aussprechen, projizieren Sie etwas von sich selbst auf diese Person. Wir projizieren unsere Ängste immer auf andere, weil es bequemer ist, sich vorzustellen, dass jemand anderes die Eigenschaften hat, die wir in uns selbst leugnen.

Wenn Sie Ihren Hass vergraben und ihn als passiven Groll zum Ausdruck bringen, projizieren Sie Feindseligkeit auf

Ihre Umgebung und stellen sich vor, dass Menschen gewalttätig sind, ob sie es sind oder nicht. Sie werden sich ständig selektiv bedrohliche Haltungen vorstellen, wo keine von ihnen beabsichtigt oder ausgedrückt sind.

Wir projizieren unsere Unsicherheiten und unsere Sexualität auf andere. Die Person, die paranoid über die Moral der anderen ist, projiziert ihre eigene Unmoral. Jemand, der immer den Verdacht hat, dass er betrogen wird, projiziert seine innere Täuschung. Das führt dazu, dass er Betrüger in sein Leben zieht. Jemand, der seinen Partner des Betrugs beschuldigt, projiziert seinen Mangel an Vertrauen in die Beziehung.

Auf der positiven Seite projizieren wir auch unsere glänzenden Eigenschaften auf andere. Jedes Mal, wenn Sie positive Dinge über andere denken oder sagen, projizieren Sie Ihre eigenen Qualitäten. Wir projizieren unsere Liebe auf andere. Ein freundlicher Mensch wird sich also vorstellen, dass jeder um ihn herum auch freundlich ist, und wird diese Energie in sein Leben ziehen.

Jungfrau. Gesetz der Aufmerksamkeit

Wo Sie sich konzentrieren oder Ihre Aufmerksamkeit hinwenden, wird sich dies in Ihrem Leben manifestieren. Wo Sie Ihre Aufmerksamkeit hinlenken, fließt Ihre Absicht.

Dieses spirituelle Gesetz gewährleistet, dass sich ein Ergebnis genau in dem Maße manifestiert, wie Sie ihm Ihre Aufmerksamkeit schenken. Die Aufmerksamkeit ist das Zentrum Ihrer Gedanken und Handlungen. Je nach den Erwartungen der Menschen unterscheiden sich die Ergebnisse. Zwei Menschen, die sich in einer vergleichbaren Situation befinden, werden ein unterschiedliches Bild von dem erwarteten Ergebnis haben. Daher wird jeder ein etwas anderes Ergebnis schaffen, da jeder Mensch seine eigene Realität erschafft.

Das Einzige, was Sie daran hindert, Ihre Träume zu verwirklichen, sind Ihre Zweifel und Ängste. Achten Sie darauf, wohin Sie Ihre Gedanken lenken.

Denken Sie daran, dass das Positive eine stärkere Ladung hat als das Negative. Wenn Sie Ihre Aufmerksamkeit auf das Positive richten, werden Sie Ihre Ziele verwirklichen. Konzentrieren Sie sich auf das, was Sie wollen, und Sie werden es bekommen.

Waage. Gesetz der Verantwortung

Verantwortung ist die Fähigkeit, angemessen auf eine Person oder eine Situation zu reagieren. Herausforderungen werden vom Universum geschickt, um zu prüfen, wie du auf jede Situation reagierst. Wiederholte Prüfungen bereiten Sie auf den spirituellen Fortschritt vor. Es liegt an

Ihnen zu zeigen, dass Sie die Verantwortung bewältigen können. Vor der Beförderung müssen Sie die Prüfungen bestehen. Wenn Sie allen Herausforderungen mit Ehrlichkeit und Integrität begegnen, wird sich Ihr geistiger Fortschritt verbessern.

Wenn Sie auf die Herausforderung nicht reagieren, wird sie Ihnen entzogen und Sie können sich zu einem anderen Zeitpunkt erneut bewerben. Sie haben Verantwortung für alles in Ihrem Leben. Sie müssen sich um sich selbst, Ihre Kinder und Ihren Besitz kümmern. Du kannst niemals Verantwortung im Leben übernehmen, wenn du dich nicht um deine eigenen Bedürfnisse kümmerst. Sie müssen sich um Ihre Gefühle und Ihre Seele kümmern. Sie müssen sich um Ihren physischen Körper und Ihren emotionalen Zustand kümmern. Wenn du die Verantwortung für eine andere Person übernimmst, dienen wir nicht ihrem weiteren Wachstum. Deine Aufgabe ist es, andere zu stärken und sie zu motivieren, ihre Verantwortung zu übernehmen.

Wenn wir das spirituelle Gesetz der Verantwortung verstehen, geben wir nicht länger jemand anderem die Schuld. Die Umstände definieren dich nicht als Person, sondern die Art und Weise, wie du auf diese Umstände reagierst, definiert dich.

Skorpion. Gesetz der Herausforderung

Das Gesetz des Widerstands ist immer ein Schutz. Wir dürfen niemals alles akzeptieren, was wir sehen, hören oder glauben. Unser Ziel ist es, zu erkennen, was richtig ist, und zu hinterfragen, was unserer Meinung nach nicht richtig ist.

Wir haben das Recht, eine andere Person um alle sachdienlichen Informationen zu bitten, die wir für notwendig halten, wenn wir jemandem oder etwas Neuem begegnen.

In dieser dualen Dimension gibt es Dunkelheit und Licht, Negatives und Positives. Alles, was im Licht ist, hat ein Gegenstück in der Dunkelheit. Eure Aufgabe ist es, zwischen Gut und Böse zu unterscheiden, herauszufordern und euer Licht so stark zu machen, dass die Dunkelheit euch nicht beeinträchtigt.

Schütze. Gesetz der Klarheit

Wenn Sie klar sagen, was Sie wollen, versteht jeder Ihre Botschaft und reagiert entsprechend.

Ein Mangel an Klarheit bindet Energie und hält Sie in einem Zustand der Verwirrung. Klarheit öffnet neue Türen und Möglichkeiten.

Es gibt zwei Möglichkeiten, das Gesetz der Klarheit zu aktivieren. Wenn Sie sich frustriert fühlen und nicht wissen, welchen Weg Sie einschlagen sollen, warten Sie geduldig und der Weg wird sich für Sie klären, erst dann können Sie den richtigen Schritt machen.

Die zweite Möglichkeit besteht darin, einen Zug in eine der beiden Richtungen zu machen, also nutzen Sie Ihre Intuition, wenn Sie Ihren Einsatz platzieren. Es ist wichtig, dass Sie sich entscheiden, auch wenn es Ihnen noch so schwierig erscheint. Wenn Sie sich nicht entscheiden, dann haben Sie es bereits getan.

Klarheit öffnet die Tür zur Zukunft, also müssen Sie dem Universum Ihre Wünsche und Bedürfnisse klar mitteilen. Klare Absichten entlocken dem Universum, was Sie in Ihrem Leben brauchen.

Steinbock. Gesetz der Wunder

In dem Maße, in dem das Bewusstsein steigt, finden mehr Menschen Zugang zum Göttlichen und viele erleben Wunder. Vergebung und bedingungslose Liebe sind Energien, die Wunder möglich machen. Wunder sind ein natürliches Ergebnis der Aktivierung höherer Energien. Wenn wir die Engel oder ein anderes Wesen aus der spirituellen Hierarchie des Lichts bitten, uns zu helfen, ziehen wir die Frequenz an, die unsere physischen Gesetze übersteigt.

Synchronizität ist eine Form von Wundern. Geistige Kräfte wirken hinter den Kulissen, um zu koordinieren und sicherzustellen, dass vorherbestimmte Ereignisse eintreten.

Um das Gesetz der Wunder zu aktivieren, fragen Sie einfach.

Wassermann. Gesetz der Anhaftung

Sie können in Ihrem Leben alles haben, was Sie wollen, aber wenn Ihr Selbstwertgefühl oder Ihr Glück davon abhängt, dann sind Sie daran gebunden. Woran auch immer Sie hängen, kann Sie manipulieren und kontrollieren.

Energetische Schnüre bilden sich zwischen Menschen, die ungelöste Probleme zwischen sich haben. Jedes Mal, wenn du Gedanken oder Worte der Eifersucht, des Schmerzes, des Neides an jemanden sendest, bildest du eine Schnur, die dich an ihn bindet.

Ein gelegentlicher Gedanke kann sie auflösen, aber wenn du ständig negative Gefühle aussendest, wirst du Stränge bilden. Diese werden bleiben und euch zusammenhalten, bis sie losgelassen werden.

In zukünftigen Leben werden die Stränge reaktiviert und ziehen Sie unweigerlich zu denen, mit denen Sie ungelöste

Probleme haben. Dies geschieht, damit die Seele die Dinge anders machen kann. Wir können an Dingen oder Gegenständen hängen, die man die Fallen des Reichtums nennt.

Was Beziehungen betrifft, so haben Sie ein Recht darauf, eine liebevolle Beziehung zu einem Partner zu führen. Die Notwendigkeit verbindet Sie jedoch mit Ihrem Partner, so dass Sie emotional hin- und hergezogen werden. Abhängige Beziehungen verstricken Sie in Schnüre, so dass Sie gefesselt sind.

Anhaftung ist bedingte Liebe. Bedingungslose Liebe löst die Fesseln auf, die sie binden. Wenn du von jemandem ein bestimmtes Verhalten verlangst, um ihn zu lieben, dann ist das keine Liebe, sondern Anhaftung.

Fische. Gesetz des Wohlstandes

Wenn Sie glauben, dass Sie den Wohlstand nicht verdienen, dann können Sie ihn nicht erhalten. Entweder haben Sie ein Armutsbewusstsein oder ein Überflussbewusstsein. Manche Menschen verwenden ihre ganze Energie darauf, sich auf das zu konzentrieren, was ihnen fehlt.

Egoismus ist eine wirtschaftliche Verdauungsstörung. Wenn Sie Geld auf einem Konto anhäufen, ohne es frei fließen zu lassen, werden Sie dem Universum irgendwann sagen, dass

Sie nicht mehr brauchen, und es wird schließlich aufhören, Ihnen Geld zu schicken.

Wenn du denkst, dass du unwürdig bist, wirst du Chancen verpassen. Wenn Sie geizig sind, werden Sie sich nie glücklich fühlen, denn Armutsbewusstsein ist eine Einstellung. Die

die ein großzügiges Herz haben und aufgeschlossen sind, werden immer glücklich sein. Ihre Einstellung zum Wohlstand besteht darin, den Reichtum weise zu nutzen.

Denken, sprechen, handeln und glauben Sie, als ob Sie wohlhabend wären, und Sie werden das Universum beeindrucken, Ihnen viel mehr zu geben.

Wie man mit seinem Schutzengel kommuniziert

Jedem von uns wird vor seiner Geburt ein Schutzengel zugewiesen. Sie handeln durch die Sinne und die Vorstellungskraft des Menschen, aber sie können niemals gegen den menschlichen Willen handeln.

Schutzengel können sich nicht in das Leben der Menschen einmischen, es sei denn, sie werden darum gebeten oder befinden sich in unmittelbarer Todesgefahr.

Um mit Ihrem Schutzengel zu kommunizieren, müssen Sie ihn um Hilfe bitten. Die modernste Art, mit deinem Engel zu kommunizieren, ist das Gebet, aber du kannst dies auch erreichen, indem du auf die Botschaften und Synchronitäten achtest, die auftreten, nachdem du ihn um Hilfe gebeten hast. Achten Sie auf Ihre Träume und suchen Sie nach deren Bedeutung, hören Sie auf Ihre Intuition, wenn Sie etwas Ungewöhnliches spüren.

Um mit Ihrem Schutzengel in Kontakt zu treten, müssen Sie ihn anrufen, denn auf diese Weise übermitteln Sie ihm eine Botschaft Ihrer Absicht, seine Hilfe und seinen Rat zu erhalten.

Emotionen können Störungen verursachen und eine effektive Kommunikation verhindern. Meditation ist das beste Mittel, um den Kontakt zu deinem Schutzengel herzustellen. Je ruhiger dein Geist ist, desto besser wirst du deinen Schutzengel wahrnehmen können.

Die Intuition, oder der sechste Sinn, ist die effektivste Form der Kommunikation mit Ihrem Schutzengel. Deshalb erleben Menschen, die Begegnungen mit Engeln haben, diese immer in Momenten der Angst, denn in diesen Momenten reagiert der Mensch nach seinem Instinkt. Das öffnet einen Kommunikationskanal und lässt die Liebe des Schutzengels fließen.

Die Kontaktaufnahme mit Ihrem Schutzengel ist ein Prozess, der Ihnen ein wundervolles Leben voller Segnungen ermöglichen wird.

E Einführung in das chinesische Horoskop

Der chinesische Kalender ist uralt und komplex und wurde nie vereinfacht. Viele Kulturen haben den Mondkalender durch den Sonnenkalender ersetzt.

Der chinesische, islamische und hebräische Kalender richten sich nach den Mondphasen. Es ist ein kompliziertes System, da sie nicht nur von Mondzyklen bestimmt werden, sondern auch den Sonnenzyklus, den Jupiter- und den Saturnzyklus einbeziehen.

Die Chinesen sind der Ansicht, dass die universelle Energie durch ein Gleichgewicht bestimmt wird. Das Konzept von Yin und Yang ist der wichtigste Bestandteil dieses Gleichgewichts. Yin ist das Gegenteil von Yang und umgekehrt, aber zusammen ergeben sie ein völliges Gleichgewicht. Diese Energie findet sich in allem, was existiert, im Greifbaren und im Ungreifbaren.

Das Ying/Yang-Symbol ist in zwei Hälften geteilt, eine ist schwarz (Yin) und die andere weiß (Yang). Beide Teile sind in der Mitte durch eine Ellipse verbunden, die sie zu einer Kurve zusammenfügt. Ihre Farben, schwarz und weiß,

bedeuten, dass es eine Dualität gibt, und dass die Existenz
des einen unbestreitbar die Existenz des anderen
voraussetzt. Im Inneren des Yin befindet sich ein Yang-
Kreis, der symbolisiert, dass Dunkelheit immer Licht
erfordert. Innerhalb des Yang finden wir einen Yin-Kreis,
der anzeigt, dass wir innerhalb des Lichts immer
Dunkelheit finden werden.

Die Ellipse, die sie miteinander verbindet, bedeutet, dass
alles fließt, sich wandelt und entwickelt. Wenn eine dieser
beiden Energien, Yin oder Yang, im Ungleichgewicht ist,
ist unser Leben nicht ausgewogen, denn gemeinsam stärken
sie sich gegenseitig. Wir sollten nie denken, dass eine
Energie der anderen überlegen ist, beide müssen
gleichermaßen zusammenwirken.

Leider gibt es in unserer Gesellschaft die Tendenz, die
Yang-Energie zu bevorzugen, weil wir denken, dass ihre
Eigenschaften am wichtigsten sind. Dadurch schaffen wir
eine Trennung zwischen der spirituellen und der
materiellen Ebene, denn indem wir den Wert der Yin-
Energie herabsetzen, sind wir weniger nachdenklich und
denken, dass Anfälligkeit etwas Negatives ist, weil sie
Zerbrechlichkeit impliziert.

Das Gleiche geschieht mit der Dunkelheit, wir meiden sie
nicht nur, sondern haben Angst vor ihr. Beide Energien
sind wichtig. Wir können nur dann spirituelle Wesen sein,
wenn es ein Gleichgewicht zwischen Yin und Yang gibt,
denn wir sind nicht nur Licht, sondern auch dunkel. Es ist

ein Fehler, das Starke, die Aktion, zu schätzen und zu privilegieren. Wir müssen das Weibliche und die Sensibilität schätzen und wertschätzen, denn nur so können wir das wahre Gleichgewicht unseres Wesens erreichen, aus einer Position der Liebe und der Festigkeit.

In den Zeichen des chinesischen Tierkreises sind die Yin- und Yang-Energie vorhanden, und sie sind es, die die Eigenschaften jedes Tieres und die mit ihnen verbundenen Elemente bestimmen.

Die Yin-Energie ist mit dem Dunklen, Kalten, Weiblichen, Abstrakten, der Tiefe und dem Mond verbunden. Yin-Zeichen sind nachdenklich, sensibel und neugierig. Sie sind der Ochse, der Hase, die Schlange, die Ziege, der Hahn und das Schwein.

Die Yang-Energie ist mit Licht, Wärme, Oberflächlichkeit, der Sonne und logischem Denken verbunden. Es sind impulsive und materialistische Zeichen. Sie sind Ratte, Tiger, Drache, Pferd, Affe und Hund.

Die Yin- und Yang-Energien sind mit den Elementen verbunden, die sich wiederum aus den Jahren ableiten, in denen sie auftreten. Jedes Element verfügt über Yin- und Yang-Energie.

- Die Jahre, die auf die Zahl **0** enden, haben das Element Metall und sind mit der Yang-Energie verbunden.

- Die Jahre, die mit der Zahl **1** enden, haben das Element Metall und sind mit der Yin-Energie verbunden.
- Jahre, die auf die Zahl **2** enden, haben das Element Wasser und sind mit der Yang-Energie verbunden.
- Jahre, die auf die Zahl **3**enden, haben das Element Wasser und sind mit der Yin-Energie verbunden.
- Die Jahre, die mit der Zahl **4** enden, haben das Element Holz und sind mit der Yang-Energie verbunden.
- Jahre, die auf die Zahl **5** enden, haben das Element Holz und sind mit der Yin-Energie verbunden.
- Die Jahre, die mit der Zahl **6** enden, haben das Element Feuer und sind mit der Yang-Energie verbunden.
- Jahre, die mit der Zahl **7** enden, haben das Element Feuer und sind mit der Yin-Energie verbunden.
- Die Jahre, die mit der Zahl 8 enden, haben das Element Erde und sind mit der Yang-Energie verbunden.
- Die Jahre, die mit der Zahl **9** enden, haben das Element Erde und sind mit der Yin-Energie verbunden.

Chinesisches Element des Jahres 2024, Holz

Das Element des Jahres 2024 ist Holz. Holz ist ein kreatives Element. Wenn dieses Element aufgrund deines Geburtsjahres auf dich zutrifft, solltest du diese Energien kreativ kanalisieren. Holz symbolisiert Mitgefühl und Toleranz. Wenn Sie diese Energien nutzen wollen, ist es wichtig, dass Sie sich das ganze Jahr über mit natürlichen Pflanzen, Blumen und grünen Gegenständen umgeben.

Holz ist ein Element, das mit der Fähigkeit zu projizieren und Entscheidungen zu treffen zusammenhängt, daher wird das Jahr 2024 ein Jahr der Entwicklung, der Evolution und des Gedeihens sein.

Dieses Element steht in Verbindung mit Verdauung, Atmung, Herz und Stoffwechsel und sorgt in der traditionellen chinesischen Medizin für einen kontinuierlichen Energiefluss. In Bezug auf die Gefühle bedeutet dies, dass wir unsere Emotionen richtig ausdrücken.

Holz wird uns im Jahr 2024 helfen, Bewusstsein und Verständnis für die objektive Realität zu gewinnen. Es wird uns Festigkeit und Einfühlungsvermögen in unseren Beziehungen bringen. Da Holz mit unserer Persönlichkeit

zusammenhängt, wird es uns die richtige Dosis an
Enthusiasmus, Entschlossenheit und Dynamik bringen, um
zu handeln und alle Herausforderungen dieses Jahres zu
meistern.

Holz ist das Element, das wir in diesem Jahr brauchen,
um die notwendigen Entscheidungen treffen zu können, für
Veränderungen, die unerlässlich sind. Dank dieses
Elements werden wir die richtigen Strategien und die
Fähigkeit haben, alle Prozesse zu organisieren und unter
Kontrolle zu halten, aber wir werden auch flexibel bleiben.

Wer ist der hölzerne Drache?

Der Holzdrache ist ein äußerst kreativer Mensch, der sein Glück gerne in allen Bereichen seines Lebens versucht. Sie sind berühmt dafür, originelle Ideen zu haben und zielstrebig zu sein. Drachen haben eine extravagante Persönlichkeit, strahlen Sinnlichkeit aus, sind lüstern und haben eine starke Anziehungskraft auf ein anderes Geschlecht.

In China glaubt man, dass das Jahr des Drachen das wohlhabendste und geeignetste ist, und traditionell ist er das am meisten geschätzte Tier. Es gibt Legenden, die besagen, dass die Kaiser in diesem Leben die Reinkarnation des Drachens sind. Der Holzdrache ist fröhlich und liebt es, zu feiern und Spaß zu haben, manchmal denkt er nur an Spaß und hat keine Lust, das Leben ernst zu nehmen.

Der Drache mit seinen magischen Kräften kann sich in himmlische Höhen erheben oder in die Tiefen des Ozeans abtauchen. Der Drache ist geschickt, stark und mächtig, besitzt aber auch eine magnetische Aura, ist intuitiv und wohlhabend. Drachen eignen sich aufgrund ihrer

Eigenschaften, ihres Charakters und ihrer Leidenschaft am besten für Führungsaufgaben.

Ausgestattet mit natürlichem Mut, Hartnäckigkeit und Intelligenz, sind Drachen enthusiastisch und naiv. Sie haben nie Angst vor Herausforderungen und akzeptieren jeden Kompromiss. Allerdings sind Drachen manchmal gewalttätig, und sie hassen keine Kritik.

Drachen lieben es, im Freien zu sein. Im Jahr 2024 wird es daher Veränderungen in den Bereichen Energieerhaltung, Technologie, Meeresschutz und Klimawandel geben. In der Technologie wird es außergewöhnliche Fortschritte geben, die im Umweltbereich, in sozialen Netzwerken und in der digitalen Wirtschaft zum Tragen kommen werden.

Die Drachen haben einen Überblick über alles, was passiert. Dies ist also ein Jahr, in dem wir in der Gemeinschaft etwas bewirken und den Wandel weltweit verbreiten können.

In den Jahren des Holzdrachen erscheint alles gigantischer, und das gilt sowohl für Unglücke als auch für Triumphe, so dass wir wahrscheinlich extreme Wetterverhältnisse und Naturkatastrophen erleben werden. Mit dem Edelmut, der Freundlichkeit und der Barmherzigkeit des Holzdrachen werden jedoch alle Menschen zusammenkommen, um sich gegenseitig zu ermutigen und zu unterstützen, was unseren Sinn für Empathie erhöht.

In diesem Jahr 2024 ist es besonders wichtig, fromm und wohltätig zu sein, sowie Zeit mit der Familie und engen Freunden zu verbringen. Da wir uns immer mehr vereinen, wird die Kommunikation unser wertvollstes Werkzeug sein, um den Frieden auf der Welt und in unserem Leben zu erhalten.

Allgemeine Vorhersagen für das Jahr des Drachen

Am 10. Februar 2024 beginnt das aufsehenerregende Jahr des grünen Holzdrachen, und nach der chinesischen Astrologie symbolisiert Grün Leben, Veränderung und Wachstum. Der zugehörige Planet ist Jupiter, ein Planet, der nützlich ist; wir werden die Früchte ernten, die wir 2023 gesät haben.

Das Jahr des Drachen 2024 wird uns Glück, Wohlstand, Wohlergehen und Fortschritt bringen. Wir werden viele Möglichkeiten für Wachstum und Transformation haben, aber auch Herausforderungen und Komplikationen, die die Notwendigkeit von Vergebung, Einfühlungsvermögen und friedlichen Entscheidungen betonen.

In den Jahren, in denen das Element Holz ist, belohnt das Leben Menschen, die gesellig und professionell sind. Die Erlangung eines Abschlusses oder Reisen sind einige der Möglichkeiten in diesem Jahr.

Wir werden die Gelegenheit haben, unsere Führungsqualitäten zu entwickeln. Dies ist ein Jahr für neue Anfänge und für die Schaffung von Strukturen, die langfristig Bestand haben werden. Dieses Jahr des Drachen ist günstig für Veränderung und Wachstum, da die Energie des hölzernen Drachen die Fähigkeit besitzt, innovative Ideen zu inspirieren und unsere Vorstellungskraft zu beflügeln.

Wir werden einige Phasen durchleben, die voller Schwierigkeiten sein werden, aber das sind die Momente, in denen wir die Energie des Drachen nutzen müssen, um erfolgreich zu sein und die Herausforderungen zu überwinden. Vergessen Sie im Laufe des Jahres nicht, dass der Drache Veränderung und Anpassungsfähigkeit verkörpert, Eigenschaften, die uns helfen werden, zu wachsen und uns zu erneuern.

Das Jahr 2024 wird ein arbeitsreiches Jahr mit vielen Entwicklungsmöglichkeiten sein. Wir werden viele politische, wirtschaftliche, Beziehungs- und Umweltkonflikte erleben, die deutlich machen, dass friedliche Lösungen die Antwort auf jedes Problem sind.

Dieses Jahr wird uns dazu anregen, neue Geschäfte zu machen und uns in der unternehmerischen Welt weiterzuentwickeln, denn die Energie des Drachen und seine Eigenschaften, mutig und ehrgeizig zu sein, werden uns inspirieren. Wir werden viele Anpassungsfähigkeiten entwickeln, und Geduld und Ausdauer werden uns erlauben, alle Widrigkeiten zu überwinden und dem Triumph entgegenzugehen. Dies ist auch ein günstiges Jahr, um an unserem geistigen Wachstum zu arbeiten, denn es ist besonders wichtig, dass wir unsere Ziele im Auge behalten.

Zusammenfassend lässt sich sagen, dass es ein Jahr mit positiven Veränderungen und bedeutenden Fortschritten in unserem Leben sein wird, in dem wir die Möglichkeit haben werden, Liebe zu finden, eine Beziehung zu stärken und wirtschaftlichen und geistigen Wohlstand zu haben.

Die Bedeutung der Elemente im chinesischen Horoskop

Metall

Menschen, die in den Jahren geboren sind, die im chinesischen Horoskop auf 0 oder 1 enden, werden dem Metallelement zugeordnet. Metall, das Material, aus dem Schilde und Schwerter hergestellt werden, ist das Element, das Festigkeit und Ehrlichkeit, aber auch Strenge symbolisiert.

Metall ist das Element des Herbstes, der Jahreszeit der Ernte und des Überflusses. Es ist dual wie die Funktionen seines Elements, denn in Form eines Schwertes verflüssigt es, und als Löffel nährt es. Metall kommt aus der Erde, wird vom Feuer beherrscht und verklärt Holz.

Die Persönlichkeit dieser Personen, die dem Metallelement angehören, ist in der Regel sehr ambivalent. Am besten geht es ihnen, wenn sie allein sind, da sie niemandem Rechenschaft ablegen müssen.

Sie sind entschlossen, bestimmen ihr Schicksal selbst, sind
stur, professionell und gleichgültig gegenüber jedem
Versuch eines Kompromisses. Ihre Freiheit steht an erster
Stelle, und es ist sinnlos, sie unter Druck zu setzen,
geschweige denn ihnen zu helfen, denn sie hören auf
niemanden und akzeptieren keine Einmischungen und
Behinderungen. Sie verlassen sich nur auf sich selbst und
lassen sich von niemandem beeindrucken, denn sie sind
mächtig und fähig, Großes zu leisten.

Für sie gibt es keine Schwierigkeiten, die sie aufhalten
können, und selbst wenn eine Situation unhaltbar wird,
leisten sie bis zum Ende Widerstand. Sie sind ehrgeizig und
berechnend, sie lieben Geld, Macht und Erfolg und werden
keine Mittel scheuen, um ihre Ziele zu erreichen, auch
wenn das bedeutet, dass sie Beziehungen zerstören.

Sie eignen sich für Berufe, in denen sie ihr Element zum
Ausdruck bringen können: Juweliere, Finanziers,
Versicherungen jeglicher Art, Schlosser, Bergleute,
Chirurgen und für alle Bereiche, in denen sie sich von
anderen unterscheiden können. Sie können auch in Berufen
erfolgreich sein, die mit Holz oder Papier zu tun haben.
Berufe, die mit Wasser zu tun haben, sind vorteilhaft,
Berufe, die mit Erde zu tun haben, können zu Konflikten
führen, und von Berufen, die mit dem Element Feuer zu tun
haben, sollten sie sich fernhalten.

Sie sind nicht an Gefühlen interessiert und lassen sich von
den Schwierigkeiten anderer nicht beeindrucken, bis hin

zur Manipulation, wenn sie sich einen Vorteil verschaffen können. Die Leidtragenden sind vor allem die Menschen des Holzelements, da es sie mit Frontalangriffen manipuliert und unterdrückt. Die Menschen des Wasserelements hingegen erhalten, da sie empfänglich sind, einen wirksamen Schub, der ihnen enorm zugutekommt. Die einzigen, die sie wirklich beugen können, sind die Menschen des Feuerelements, denn sie beherrschen ihre Unempfindlichkeit und Strenge mit einer ansteckenden Emotion.

Körperlich erkennt man einen Menschen des Metallelements an seinem traurigen Blick und der blutarmen Gesichtsfarbe. Sie sind zerbrechlich, anfällig für Stress und können durch Temperaturschwankungen und schlechte Ernährung beeinträchtigt werden. Deshalb sollten sie ihren Appetit anregen, wobei würzige Speisen im Vordergrund stehen sollten.

Die günstigste Jahreszeit für sie ist der Herbst, und während dieser Zeit können sie ihre Fähigkeiten maximal entwickeln, was aber nicht bedeutet, dass sie es übertreiben oder stur sein sollten. Er sollte weiße Kleidung tragen, Metalle und weißen Quarz als Amulette verwenden.

Metall ist starr und unnachgiebig und hat keine Angst vor Gefahren. Es ist ein unabhängiger Menschentyp, der, getrieben von Gier, mit Ausdauer vorgeht, sich auf den Erfolg konzentriert, plant und das Spontane verabscheut. Wenn er einmal einen Weg eingeschlagen hat, ändert er ihn nicht mehr. Trotz ihrer äußeren Unempfindlichkeit strahlen Menschen dieses Elements eine Anziehungskraft aus, die von allen wahrgenommen wird, mit denen sie in Kontakt treten. Um jedoch von ihren Fähigkeiten zu profitieren, müssen sie lernen, weniger dogmatisch zu sein, da dies ihre Beziehungen beeinträchtigt.

Menschen, die im Metallelement geboren sind, müssen sich erziehen, damit sie ihre Gefühle ausdrücken können. Wenn sie dies nicht tun, werden sie das Gefühl haben, dass ihre Energien vermindert sind.

Erde

Menschen, die in den Jahren geboren sind, die auf die Zahlen 8 oder 9 enden, gehören dem Erdelement an. Diesem Element entsprechen die Eigenschaften der Standhaftigkeit, der Ausdauer und der Fruchtbarkeit. Obwohl die Erde in der chinesischen Astrologie keine eigene Jahreszeit hat, ist sie im Kalender mit den letzten zwei oder drei Wochen der anderen Jahreszeiten verbunden.

 Erde ist das Element, das für Stabilität und Greifbarkeit steht, aber bei einem Übermaß verwandelt es die Menschen in vorsichtige, misstrauische und starrköpfige Menschen und schränkt ihre Initiativen und Fantasien ein.

Der Mensch des Erdelements ist geduldig und bescheiden, arbeitet immer mit Beständigkeit, ohne sich einen Augenblick der Freude oder Unordnung zu gönnen. Er wird nie müde und kann ebenso eifrig und materialistisch wie naiv und umsichtig sein. Sein unbestreitbarstes Merkmal ist seine ausgeprägte Entmutigung. Er ist zu ernst, liebt es zu

planen und zu lenken, ist entsetzt über Zufälle, und obwohl
er intelligent ist und ein außergewöhnliches Gedächtnis hat,
stört es ihn, glanzvoll zu erscheinen.

Sie ist unersättlich nachdenklich, ehrgeizig und ängstlich
und damit der Gefahr ausgesetzt, die Milz aufzuladen, ein
Organ, das mit diesem Element zusammenhängt und das
geschwächt ist, wenn der Mensch eine scharfe Mentalität
hat.

Die Person, die zu diesem Element gehört zementiert
persönliche Beziehungen allmählich, aber für eine lange
Zeit erträgt. Es ist sehr hingebungsvoll und Verteidiger in
der Liebe, immer bereit, Vertrag und erfüllen ihre
Verantwortung, und obwohl es nicht demonstrativ in ihren
Gefühlen ist eine Schulter, die immer aufgezählt werden
kann, weil es an Ihrer Seite in den Momenten, die Sie
brauchen es sein wird.

In ihrer Arbeit sind sie seriös und zurückhaltend, aber auch
organisiert und verlässlich. Sie sind die richtigen Leute, um
Geschäfte mit Moral, Strenge und feuerfester Ehrlichkeit zu
führen. Ihr Verstand macht sie zu unschlagbaren
Vermittlern in den Problemen, die mit ihren eigenen
praktischen und günstigen Ausgängen dazu beitragen. Sie
sind kompetent für Berufe, die Geschicklichkeit erfordern,
aber keine Initiativen ergreifen, oder für
Führungssituationen. Obwohl sie wegen ihrer
Launenhaftigkeit und Nostalgie und ihrer Unfähigkeit,
fröhlich zu sein, nicht leicht zu ertragen ist, verbindet sie

sich gut mit dem Metallelement, dem sie Stabilität einflößt, und mit dem Wasser, das sie geschickt zu bändigen und zu lenken weiß.

Normalerweise hat es Konflikte mit dem Holzelement, da es zwar schützt, aber manchmal auch erstickt, und mit dem Feuer, das es sowohl antreibt als auch schwächt.
Das Erdelement ist mit dem Planeten Saturn verbunden. Sie müssen unglaublich vorsichtig mit dem Verzehr von Süßigkeiten sein, etwas, das Sie lieben, da es mit Ihrem Element verbunden ist. Sie sollten immer die natürliche Süßigkeit wählen und die Verwendung von weißem Zucker begrenzen, da dieser das Kalzium in ihrem Knochensystem zerstört. Sein anderer Schwachpunkt ist das Verdauungssystem, das ihn in der Regel stark bestraft, deshalb sollte er eine leichte und leicht verdauliche Ernährung einhalten. Es wird empfohlen, dass sie den direkten Kontakt mit Mutter Erde suchen, indem sie barfuß im Sand oder auf dem Feld laufen.

Seine Glücksfarbe ist gelb, und sein Quarz ist Topas und Citrin.

Die Erde steht für Wohlstand, Vernünftigkeit, Materialismus und Sicherheit. Diese Menschen neigen dazu, introspektiv zu sein, was ihnen eine große Fähigkeit zum Denken verleiht. Die Erde ist das Gefäß des Lebens und diese Siegel der unauslöschlichen Form zu denen unter dem Einfluss dieses Elements geboren, da sie stabile Menschen, in denen Sie delegieren können, sind. Die Erde nährt sich vom Feuer und erzeugt eine große Energie, die Metall erhitzt und schmilzt, Wasser unterwerfen kann und von Holz verzehrt werden kann. Um sich wohlzufühlen, braucht der Mensch des Erdelements materielle Sicherheit, obwohl er fleißig, formal und organisiert ist. Man kann ihnen vorwerfen, dass sie anmaßend sind, aber aufgrund ihrer Verdienste gehen sie langsam auf ihre Ziele zu und erzielen stabile Ergebnisse.

Merkmale der chinesischen Tierkreiszeichen

Ratte

Merkmale

Ratten sind schlaue Tiere. Sie wissen, wie sie Schwierigkeiten auf intelligente Weise überwinden können, auch wenn sie sich ständig in ihnen verfangen. Sie sind schlau, denn sie manipulieren einige Umstände zu ihrem Vorteil. Sie sind gewalttätig und versuchen, ihre Ziele schnell zu erreichen, wobei sie sich darauf konzentrieren, das Ziel zu erreichen, auch wenn das bedeutet, dass sie leiden oder andere verletzen.

Bei der Arbeit werden sich Ihre Kollegen sehr hilflos fühlen, weil sie nicht in Ihrem Tempo arbeiten können, und auch wenn es nicht Ihre Absicht ist, werden Sie sich viele Feinde machen. Sie werden versuchen, die wichtigsten Positionen in Ihrem Unternehmen zu erlangen. Nichts wird

Sie aufhalten; Sie werden keine Skrupel haben, denn Ihr Erfolg hat Priorität. Geld ist das Wichtigste in ihrem Leben, sie werden alles in Geld umwandeln, auch ihre künstlerischen Produktionen, denn sie haben einen Hang zur Kreativität. Im Freundeskreis kann es wegen dieser Aggressivität, die sie auszeichnet, auch zu Meinungsverschiedenheiten kommen.

In der Liebe haben Ratten kein Problem damit, ihre Zuneigung zu zeigen, obwohl sie eher impulsiv als romantisch sind. Wenn die andere Person ihre Zuneigung nicht erwidert, werden sie versuchen, sie mit allen Mitteln zu erhalten.

Obwohl sie sparsam sind, übt ihre Anziehungskraft eine immense Macht auf andere aus, weshalb es ihnen nie an Bewunderern mangeln wird. Ein Mensch mit dem Sternzeichen Ratte sieht zurückhaltend aus, ist es aber nicht. Die Person dieses Zeichens ist sehr gesellig und liebt Partys. Ratten lieben ihre Freunde und ihre Familie und mischen sich oft in die Probleme anderer Leute ein.

Die Fähigkeit der Ratte zur Liebe wird nur noch von ihrer Schalkhaftigkeit und ihrer Anhänglichkeit an Geld übertroffen. Sie macht sich nie Gedanken darüber, ob sie jemanden ernähren muss, und erlaubt ihrer Familie und ihren Freunden, bei ihr zu wohnen und bei ihr Unterstützung zu finden, da es ihr aufgrund ihrer Vorsicht immer leichtfallen wird, einen Auftrag zu finden, damit sie die Miete bezahlen können.

Ratten können Geheimnisse nicht gut bewahren, und wenn es um Vertrauen geht, sind sie nicht sehr ehrlich, und wenn sie die Informationen, die sie erhalten haben, verwenden müssen, können sie die Fehler anderer Leute ausnutzen. Obwohl sie mit ihren Gefühlen zurückhaltend ist, wird die Ratte, wenn sie nervös ist, unverschämt, und da sie so dynamisch und fleißig ist, nimmt sie Faulheit und Verschwendung übel. Zu ihren destruktiven Aspekten gehört, dass sie dazu neigt, Klatsch und Tratsch zuzugeben, zu tadeln, Vergleiche anzustellen, zu murmeln und zuzustimmen.

Ratten kaufen manchmal Dinge, die sie nicht brauchen, und lassen sich immer wieder von Rabatten täuschen. In ihrem Kopf und in ihrer Wohnung wird es immer eine Ansammlung von Erinnerungen und affektivem Gerümpel geben, die begrenzt ist. Sie haben einen scharfen Blick für triviale Dinge, ein großes Erinnerungsvermögen und sind außerordentlich neugierig.

Sie können gegen Schwierigkeiten ankämpfen und sind bei Konflikten gelassen. Sie handeln mit Verantwortung und Reife und sind scharfsinnig. Das Hindernis, dem sie oft begegnen, ist die Gier. Die ehrgeizige Ratte muss mindestens einen komplizierten wirtschaftlichen Niedergang in ihrem Leben erleben, damit sie begreift, dass sich Geiz nicht auszahlt,

Die Ratte fühlt sich zu Menschen im Zeichen des Ochsen hingezogen, in denen sie Stärke, Vertrauen und Hingabe findet.

Kräftige Drachen sind auch mit der Ratte kompatibel. Sie finden Schlangen intelligent und attraktiv, mit denen sie vorteilhafte Partnerschaften eingehen. Da Autorität und Ausstrahlung hypnotisierend wirken, wird die Ratte immer dem unerschütterlichen Bann des Affen zum Opfer fallen und hat eine Ähnlichkeit mit der Geschicklichkeit, mit der der Affe handelt.

Es wird immer zu Konflikten mit dem Zeichen des Pferdes kommen, das für die Einzigartigkeit der Ratte zu autonom ist. Seine Beziehung zum Hahn ist ebenfalls unklug, da sein Idealismus den materialistischen Sinn der Ratte verärgert. Seine Beziehung zur Ziege ist fatal, da sie mit ihrem Glück die Ersparnisse der Ratte vergeuden würde.

Ochse

Merkmale

Ochsen sind anpassungsfähige und gelassene Tiere. Sie schätzen die Arbeit, wenn auch nicht so sehr, dass sie den ganzen Tag damit verbringen. Sie genießen ihre Freizeit und finden immer etwas, womit sie ihr Leben auflockern können. Sie sind Menschen, die eine höfliche Persönlichkeit ausstrahlen, und Gespräche mit ihnen sind reibungslos und angenehm. Allerdings verabscheuen sie Kontroversen und ziehen es vor, lieber Recht zu haben, als sich über einen Konflikt aufzuregen. Es macht ihm nichts aus, in den meisten Szenarien derjenige zu sein, der zustimmt, obwohl die Möglichkeit besteht, dass er eines Tages explodiert und alle mit seinem Fehlverhalten verblüfft.

Er hasst es, in Konflikte verwickelt zu werden, und zieht eine bequeme, feste und stabile Arbeit vor, auch wenn sie schlecht bezahlt ist, da er den Stress einer besser

bezahlten Arbeit nicht ertragen kann. Er macht nie etwas
halbfertig, auch wenn er mehr Zeit dafür aufwenden muss.
Obwohl sie sich nicht gerne streiten, ordnen sie gerne an
und werden respektiert, weshalb wir Ochsen
wahrscheinlich in Führungspositionen sehen werden. Sie
sind eine angenehme und bequeme Führungspersönlichkeit,
mit der man gut umgehen kann, wenn man sie nicht
verärgert.

Außerhalb der Arbeitszeit sind sie liebevoll und
behandeln die Menschen, mit denen sie zusammenleben,
nie schlecht. Wenn man sie tun lässt, was sie vorhaben, und
sich niemand in ihre Angelegenheiten einmischt, ist das
Zusammenleben ausgezeichnet.

In der Liebe sind sie eifersüchtige Menschen, deshalb
muss man aufpassen, dass man ihren Frieden nicht trübt.
Sie sind treu und verlangen das Gleiche von ihrem Partner.
Sie sind sinnliche Liebhaber, und die Koexistenz mit dem
Ochsen ist gut, wenn wir verstehen, dass alles, was er
initiiert, mit guten Absichten getan wird.

Menschen, die sich gerne nach der Vergangenheit
ihres Partners erkundigen und ihn manipulieren wollen,
passen nicht zu einer Beziehung mit dem Ochsen, denn er
liebt den Frieden und hasst es, Dinge aus seiner
Vergangenheit zu erzählen.

Der Ochse ist sich bewusst, dass man dauerhaften Erfolg
hat, wenn man die Dinge richtig anpackt. Er glaubt nicht an
Schicksal oder Glück und wird seine Ziele durch seine

Hartnäckigkeit und harte Arbeit erreichen. Er ist vertrauenswürdig, weil er hält, was er verspricht. Die Meinung anderer Menschen ist ihm nicht wichtig. Er widmet sich immer mit Leib und Seele dem, was er tun muss, und lässt nie etwas halbfertig zurück.

Sie sind keine Person der Details, erwarten Sie keine Gedichte oder Lieder, weil ihre Geschenke immer einfach und ohne Annahmen sein werden. Da sie so traditionell sind, neigen sie zu langen Beziehungen, da sie Zeit brauchen, um eine Beziehung mit genügend Vertrauen zu erreichen. Sie sind phlegmatisch, wenn es darum geht, sich zu verändern und ihre wahren Gefühle zu zeigen. Verachte niemals einen Ochsen, denn sie sind ihr Gewicht in Gold wert, außerdem hat ihr Verstand die Fähigkeit, selbst das letzte Detail einer Demütigung für lange Zeit zu behalten.

Der Ochse hasst es, Schulden zu haben, er wird immer bezahlen, was er schuldet, und für ihn ist es unverzeihlich, nicht dankbar zu sein. Aus seinem Mund werden Sie nie Worte der Dankbarkeit hören, denn er ist der Meinung, dass Taten lauter sprechen als Worte. Mit der Toleranz des Ochsen muss man sehr vorsichtig sein, denn wenn er die Geduld verliert, ist er unvernünftig, auch wenn dies nur sehr selten vorkommt.

In seiner negativen Ausprägung ist der Ochse engstirnig, nimmt keine Rücksicht auf andere, obwohl jeder ihn für seine Aufrichtigkeit und die Festigkeit seiner Werte respektiert und bewundert.

Sein umgänglicher Charakter macht ihn zu einem
Architekten großer Geschäfte, da er immer darauf achten
wird, alle Vorsichtsmaßnahmen zu treffen, damit es seiner
Familie nicht an Wohlstand mangelt. Sein Leben dreht sich
um sein Zuhause und seine Arbeit, daher bevorzugt er
kalkulierte, langfristige Risiken.

Da er ein Mensch mit gemäßigten Gewohnheiten ist,
entmutigt ihn Unsicherheit. Der Hahn ist der perfekte
Partner für ihn. Beide sind kraftvoll und fleißig.
Beziehungen mit der Ratte oder der Schlange sind ebenfalls
von Vorteil, da sich beide intensiv für den Ochsen
einsetzen. In der Gesellschaft der Ziege, des Tigers oder
des Hundes fühlt er sich nicht wohl, da sie von seinem
übertriebenen Formalismus abgestoßen werden.

Tiger

Merkmale

Der Tiger ist ein Tier, das man bewundern muss. Sie können von den Menschen, die ihnen am nächsten stehen, verwöhnt werden, aber sie halten gerne Abstand. Manchmal sind andere, die sie bewundern, auch misstrauisch oder sogar eifersüchtig.

Ein Tiger liebt alles, was mit Bewegung zu tun hat, er ist nie ruhig, er handelt immer mutig und sucht den direktesten Weg, der ihn zum Ziel führt. Sie achten nicht auf die Form, das Einzige, was für sie wichtig ist, ist Geschwindigkeit.

Die Persönlichkeit des Tigers ist äußerst attraktiv, sie kommunizieren sehr gut und können Führungspersönlichkeiten sein.

Ein Tiger wählt in der Regel risikoreiche Berufe, lehnt ruhige Büroberufe ab oder Jobs, die viel Zeit erfordern, bevor ein Ergebnis erzielt wird. Sie werden ihre Ideen rechtfertigen, wann immer es nötig ist. Was sie an der Welt verabscheuen, werden sie hinausschreien und dafür kämpfen, sie zu verändern. Sie können weder

Ungerechtigkeit noch diejenigen, die sich ihren Ideen widersetzen, ertragen.

Ihre Fähigkeit zu kämpfen, macht sie unermüdlich, und diese Tugend in der Liebe ist wunderbar. Das einzige Problem ist, dass sie, während sie dich lieben, aufhören können, dich zu lieben, weil sie ein bisschen launisch sind, und da sie Risiken und Abenteuer mögen, sind sie zum Ehebruch geneigt.

Sie sind nicht rachsüchtig, sie sind eifersüchtig, spontan, liebevoll, prächtig und besitzen einen einzigartigen Sinn für Humor. Tiger haben das Bedürfnis, sich auszudrücken, und wenn sie verzweifelt sind, brauchen sie Zuneigung, die transparent ist. Unbeständig zu sein, bedeutet, seiner unwürdig zu sein, und das führt nie zu den gewünschten Ergebnissen.

Egal wie melancholisch er aussieht, egal wie schwer die Verzweiflung ist, in der er sich gerade befindet, glauben Sie nicht, dass er jemals aufgeben wird.

Er hasst es, in Vergessenheit zu geraten, und seine beiden größten Schwächen sind Schnelligkeit und Unsicherheit; wenn es ihm gelingt, das Gleichgewicht zu finden, wird er ein Gewinner sein.

Sein Aussehen ist in der Regel aufmerksam, unschuldig und hell, deshalb bekommt er viele Komplimente. Denken Sie deshalb nicht daran, ihn zu verspotten oder unangemessen zu kritisieren, und vergessen Sie nie, dass er schöne, versteckte Nägel hat, die immer scharf sind.

Der Tiger ist sehr modebewusst und liebt es, sich stundenlang in Einkaufszentren zu vergnügen und sich in Friseursalons zu verschönern. Zu seinen Kindern ist er sehr herablassend und verständnisvoll, Eigenschaften, die ihm die Fähigkeit verleihen, eine ausgezeichnete Beziehung zu ihnen zu haben.

Tiger sind romantisch, enthusiastisch und gefühlvoll. Sowohl Männer als auch Frauen sind übermäßig kontrollierend und in der Lage, Konflikte auszulösen, wenn sie verärgert sind.

Sie verstehen sich sehr gut mit dem Schwein, das die perfekte Würze für die Wut des Tigers sein wird und ihm Sicherheit gibt. Eine besonders gute Freundschaft wird der Tiger mit dem Hund haben, der ihn nicht nur zähmen, sondern auch zum Nachdenken bringen kann. Auch das Pferd wird ein ausgezeichneter Partner für den Tiger sein, da sie in vielen Lebenskonzepten übereinstimmen.

Die Ratte, die Ziege und der Hahn haben keine Schwierigkeiten, sich mit dem Tiger zu verbinden. Die Verbindung zwischen dem Tiger und dem Ochsen, der Schlange oder dem Affen ist nicht geeignet.

Kaninchen

Merkmale

Kaninchen neigen dazu, sich um andere zu sorgen, aber außerordentlich wenig um sich selbst. Die Probleme anderer Menschen bereiten ihnen Sorgen, denn sie versuchen zu helfen, wo immer es geht. Sie sind außerordentlich freundlich und hilfsbereit. Wenn sie Nachrichten über globale Probleme hören, möchten sie Geld schicken oder Bewegungen gründen, um die Welt zu verändern, aber sie handeln nie.

Es besteht die Möglichkeit, dass sie aus Hintergedanken traurig sind, die sie jedem mitteilen wollen, der bereit ist zuzuhören. Wenn sie gebildet sind, können sie ausgezeichnete Redner sein oder Berufe ausüben, die Qualitäten wie Diplomatie oder Politik beinhalten. Sie lassen sich von den Gefühlen anderer Menschen berühren und können sich beim Lesen eines Buches tief in die Charaktere hineinversetzen. Aus diesem Grund sind sie besonders gute Ratgeber, und ihre Freunde bewundern ihre Zärtlichkeit.

Sie haben eine ausgeprägte Neigung, andere zu idealisieren und denken, dass sie das Gleiche erhalten, was sie geben, weshalb sie Enttäuschungen und unerwartete Trennungen erleiden können. Kaninchen sollten bedenken, dass einige Beziehungen nicht ewig sind, akzeptieren die Mängel der anderen als etwas Unvermeidliches, da niemand perfekt ist.

Obwohl sie sich danach sehnen, glücklich zu sein und in Frieden zu leben, kann ihre verzweifelte Suche nach diesen Tugenden durch ihre Tendenz, sich der Realität zu entziehen, frustriert werden. Dennoch können sie Konflikte wie kein anderes Zeichen überwinden, da sie es gewohnt sind, Enttäuschungen und Misserfolge zu erleiden.

Hasen sind kreativ und akribisch. Ihre durchdringende Intelligenz und ihr Verhandlungsgeschick sichern ihnen einen Aufstieg in jedem Beruf. Trotz ihrer sanftmütigen Identität haben Kaninchen ein ungewöhnliches Selbstbewusstsein. Er erreicht seine Ziele aufgrund seiner Entschlossenheit, und auch wenn es manchmal den Anschein hat, dass er zurückbleibt, so liegt das an seinem Sinn für Vorsicht. Während alle anderen darauf bedacht sind, das Ende der Straße zu erreichen, denkt der Hase, dass morgen alles genauso weitergeht. Kurz gesagt, der Hase weiß, wie man lebt und ist bereit, andere leben zu lassen. Geistig vergisst er kein Detail, weder seine Fehler noch seine Erfolge. Aber wenn das, was er schätzt, nicht so schwierig oder endgültig ist, wird er es loslassen. Diese Eigenschaft macht ihn beliebt und begehrt. Glaube auch nicht, dass der Hase für dich kämpfen wird, das wäre zu viel verlangt. Er kann dir Geld leihen, aber nicht mehr als das. Und wenn du ihm zu sehr auf die Nerven gehst, kannst du darauf wetten, dass er nach einem Weg suchen wird, elegant aus deinem Leben zu verschwinden. Ein Kaninchen, das sich nicht entwickelt hat, wird übermäßig fantasievoll, überempfindlich oder kalt sein. Er wird es hassen, Leiden zu teilen, Sicherheit wird seine Obsession sein, und er wird gefährliche Situationen vermeiden. Er wird vor Konflikten fliehen, indem er unsensibel oder ängstlich erscheint. In seinem Leben geht es in erster Linie um seinen Lebensunterhalt, und er glaubt nicht, dass andere für ihn sorgen können. Im Allgemeinen erholen sich Kaninchen leicht von Krisen, und obwohl sie zerbrechlich sind, zeigt sich ihre Zähigkeit im richtigen Moment. Sie sind sehr umgänglich und genießen daher viele Dinge, die für andere unbemerkt bleiben. Kaninchen sind mit Ziegen kompatibel, mit denen sie die Liebe zu greifbarem Wohlbefinden teilen.

Es wird auch eine gute Beziehung zum Hund oder zum Schwein haben. Aber es wird weder die Eitelkeit noch die Vorwürfe des Hahns unterstützen, noch wird es sich vor dem Tiger fürchten, den es ebenso wie das Pferd meiden wird.

Drache

Merkmale:

Eine Person des Zeichens Drache zu verstehen, ist nicht ganz einfach. Dieses Tier besitzt die Fähigkeit, jeden zu überzeugen, der nicht sehr scharfsinnig ist, aber es wird ihn dazu bringen, sich glauben zu lassen, wenn sein Publikum eine konventionelle geistige Fähigkeit hat. Aus diesem Grund fühlt er sich gelegentlich einsam. Der Drache genießt diese Eigenschaft des Andersseins und nutzt sie, um sich sozialen Verpflichtungen zu entziehen.

Freunde haben eine wunderbare Zeit mit ihm, denn er ist spontan und man kann sich nie vorstellen, was er als nächstes tun wird. Sie sind selbständig und versuchen, niemanden bei der Arbeit zu brauchen. Deshalb gründen sie ihr eigenes Unternehmen und entwickeln es mit einfallsreichen Ideen weiter.

Der Drache glaubt immer, dass er Recht hat, und selbst wenn er sich irrt, wird es für ihn ein vergeblicher Versuch gewesen sein, der im Kreislauf der Evolution zu einem größeren Fortschritt obligatorisch ist, der dafür sorgt, dass er sich nicht wieder irrt.

Manche Menschen werden entzückt sein und den Befehlen des Drachen folgen, andere werden ihn verabscheuen und versuchen, ihm Fallen zu stellen, um ihn zu Fall zu bringen, und wieder andere werden ihn als seltenes Exemplar aus der Ferne wahrnehmen, ohne sich ihm zu nähern.

Andere Zeichen wissen nicht, wie sie mit dem Drachen verfahren sollen, aber die Drachen haben aufgrund ihrer Intelligenz gelernt, auf unterschiedliche Weise zu handeln, um anderen entgegenzukommen. Diese Fähigkeit ist nicht bei allen Drachen vorhanden. Die Allgemeinheit neigt dazu, so zu sein, wie sie sind, da sie der Meinung sind, dass es eine sinnlose Energieverschwendung ist, ihre Art des Seins zu erzwingen, und dass diejenigen, die sich wirklich anpassen müssen, die anderen sind, und nicht sie.

Es ist möglich, dass der Drache, obwohl er eine scharfsinnige Intelligenz besitzt, manchmal viele Dinge nicht erkennt, die auf menschlicher Ebene liegen, wie z.B. doppelte Absichten und all jene menschlichen Eigenschaften, die zu Betrug und Perversität neigen. Aus diesem Grund können Drachen in ihren Beziehungen im Allgemeinen kritische Momente erleben.

Obwohl Drachen die Schönheit lieben, neigen sie dazu, nur kurze Zeit in der Leidenschaft zu verharren, wenn Amor sie überhaupt anspricht. Sie suchen sich sofort einen anderen Partner, mit dem sie flüchtige Momente der Leidenschaft genießen können. Nur ein gewiefter und subtiler Partner wie der Drache kann ihn umwerben.

Sie sind nicht eifersüchtig, weil sie noch nie Grund dazu hatten. Und wenn ihr Partner untreu ist, nehmen sie es philosophisch. Sie suchen nach neuen Erfahrungen in ihren Partnern, und sobald die Person nichts Neues bietet, suchen sie nach jemand anderem.

Zwischen dem Affen und dem Drachen gibt es eine unvermeidliche Anziehungskraft, denn beide erliegen fasziniert den äußeren Qualitäten des anderen. Der Drache und die Ratte bilden eine unzertrennliche Kombination, da die Schalkhaftigkeit der Ratte die Unschuld des Drachen ersetzen wird, während die Kraft des Drachen der Impotenz der Ratte helfen wird.

Die Schlange hilft, die durch den Impuls des Drachen provozierten Ausrutscher zu beruhigen und bringt die Festigkeit, damit dieser seine Intelligenz genießt, wenn er es versteht, innezuhalten und nachzudenken. Der Tiger, der Hahn, das Pferd, die Ziege, der Hase und das Schwein werden den Drachen bitten, sie zu beschützen und ihre Güter mit ihnen zu teilen.

Zwei Drachen können gut miteinander auskommen, wenn sie sich zu einem unverwundbaren Ganzen verbinden und darauf achten, dass sie nicht miteinander rivalisieren, um sich nicht gegenseitig zu vernichten und die Fähigkeiten des anderen zunichtezumachen.

Schlange

Merkmale

Die Schlange hat paranormale oder übersinnliche Fähigkeiten. Der bekannte sechste Sinn ermöglicht es der Schlange, Risiken zu erkennen und blindlings neue Pläne zu schmieden, nur weil sie eine Ahnung hat.

Die Schlange ist scharfsinnig und kann die schwierigen Handlungen der Menschen klären. Das ist der Grund, warum wir Psychologen, Medien und Parapsychologen unter den Menschen dieses Zeichens finden.

Schlangen verstehen es, Bedürftigen zu helfen, wenn es ihr Bankkonto nicht belastet. Manchmal neigen sie zum Materialismus, und obwohl sie nicht gierig sind, fällt es ihnen schwer, losgelöst zu sein. Sie neigt dazu, übermäßig zu sparen, und findet dann keine richtige Verwendung für das Geld, weil allein der Gedanke ans Ausgeben ihr Angst macht. Trotzdem spielt sie gerne einige Spiele, da sie mit einem Stern geboren wurde.

Sie sind in der Liebe besitzergreifend und können es nicht ertragen, von ihrem Partner betrogen zu werden, weshalb sie eifersüchtig sind. Schlangen sind eingebildet, sie sind besonders gute Liebhaber und genießen es, sich in aller Ruhe von der Dominanz eines anderen Menschen mitreißen zu lassen. Sie sind abgeklärt und hassen Überraschungen. Sie sind herablassend zu sich selbst, aber hart, wenn es darum geht, Forderungen an andere zu stellen.

Schlangen lieben den Überfluss und sind gerne von Schönheit umgeben. Aus diesem Grund suchen viele Schlangen Partner mit wirtschaftlichem Status.

Es ist unwahrscheinlich, dass eine Schlange Geldprobleme hat, denn sie bekommt das, was sie braucht, zum richtigen Zeitpunkt. Wenn sie zufällig einen großen finanziellen Verlust erleidet, wird sich dieser Umstand nicht wiederholen, denn die Schlange passt sich flink an. Sie kann Fehlbeträge außerordentlich schnell ausgleichen und ist bei Verhandlungen sehr sensibel.

Wenn eine Schlange von Zorn und Wut erfüllt ist, kennt ihr Groll keine Grenzen, ihre heimliche und schweigsame Feindseligkeit bleibt tief verwurzelt. Ihr Zorn wird sich eher in einer Demütigung als in einem heftigen Streit offenbaren. Sie ist jedem Verdacht immer einen Schritt voraus und hat die Macht, genau den richtigen Moment für eine Rache abzuwarten.

Was den Partner angeht, so folgt sie ihren eigenen Regeln. Sie genießt die Macht und alles, was sie symbolisiert, darunter natürlich auch Geld, und wenn sie es nicht selbst bekommen kann, wird sie denjenigen heiraten, der es besitzt, oder den Partner.

Unabhängig davon, wie wohlhabend oder bedürftig Ihr Partner ist, wird sie zu Ihrer Kapitalquelle. Und wenn er oder sie nicht zufällig eine herausragende Stellung erreicht hat, aber über die nötigen Fähigkeiten verfügt, wird die Schlange ihn oder sie zum Erfolg führen. Sie wird studieren, was notwendig ist, und wird wie ein bewundernswerter Magistrat vorgehen, ohne aufzuhören, ihm oder ihr jede Gelegenheit, die sich ihm oder ihr auf dem Weg offenbart, scharfsinnig anzuzeigen.

Alle Schlangen haben einen ausgeprägten Sinn für Humor. In schwierigen Situationen hat die Schlange immer einen Witz parat, der die Stimmung hebt. Selbst in den schlimmsten Schwierigkeiten versagt die Schlange nie, diesen Funken zu nutzen.

Die besten Beziehungen für die Schlange sind mit dem Ochsen, dem Hahn und dem Drachen. Sie bilden auch eine gute Kombination mit der Ratte, dem Hasen, der Ziege und dem Hund.

Sie sollte sich vom Tiger fernhalten, der ihre Schlauheit vielleicht nicht zu schätzen weiß. Das Pferd ist ein vulgärer Verwandter, und die Schalkhaftigkeit des Affen wird das Urteilsvermögen der Schlange herausfordern.

Zwischen zwei Schlangen kann es eine friedliche Harmonie geben, aber mit dem Schwein haben sie nichts gemeinsam.

Pferd

Merkmale

Das Pferd ist impulsiv, da es, ohne nachzudenken auf seine Ziele zustürmt. Es ist so, als hätte es nie Schwierigkeiten gehabt oder mit Hindernissen zu kämpfen gehabt, weil es in der Lage ist, zu scheitern und seinen Willen zum Erfolg nicht zu verlieren.

Sie sind charmant und neigen dazu, ohne nachzudenken zu reden. Das Pferd bringt in geselliger Runde alle zum Lachen, und die vergifteten Gesichter der Anwesenden beunruhigen ihn nicht, da er nur Zeit hat, an sich selbst zu denken und seine Ziele zu erreichen. Er tut dies jedoch nicht in böser Absicht, denn sein Verhalten ist das Ergebnis eines Mangels an Vernunft und Reife, und wenn er merkt, dass er einen Fehler gemacht hat, ist er in der Lage, sich zu entschuldigen und von Herzen zu bereuen.

Pferde mögen es nicht, abhängig zu sein, und wenn sie bei ihrer Arbeit zufällig einen Chef dulden müssen, haben sie es extrem schwer. Sie verabscheuen die Gesetze von Menschen, von denen sie annehmen, dass sie schlechter sind als sie selbst, selbst wenn diese Menschen eine höhere

Position haben. Aus diesem Grund wird er immer versuchen, ein Profi zu sein, der unabhängig arbeitet und sein eigenes Unternehmen besitzt.

Obwohl das Pferd es liebt, gewürdigt zu werden, ist es davon überzeugt, wie meisterhaft seine Arbeit ist. Manchmal lässt es sich von dieser Überzeugung blenden, weil es glaubt, andere verwirren zu können, indem es sich vor ihren Augen aufspielt.

Sie fühlen sich gerne frei; Zuhause ist kein Konzept, das mit ihren Vorstellungen übereinstimmt, und obwohl sie damit glücklich sind und immer eine Beschäftigung finden, die sie unterhält, vermissen sie es, mit Freunden auszugehen und auf Partys zu gehen. Er mag Veränderungen, Herausforderungen und Gefahren. Wenn ihm zufällig ein unsicherer Job angeboten wird, der ihm aber die Möglichkeit bietet, schnell aufzusteigen und seinen sozialen Status zu verbessern, wird er ohne nachzudenken zugreifen.

In der Liebe bringen ihn seine Vorsätze dazu, Partner zu wählen, die nicht zu ihm passen, er kann sich in jemanden verlieben, der in einem anderen Land lebt, oder in jemanden, der verlobt ist.

Trotzdem wünschen sie sich Stabilität in einem langweiligen Leben, daher wird der Partner, der sie unterstützen wird, derjenige sein, der weiß, wie man die Balance zwischen einem langweiligen Leben und ein paar Fluchten ins Verborgene findet. Zweifellos sind sie fröhlich und nutzen ihre Anziehungskraft, um zu bekommen, was sie brauchen.

Auf der negativen Seite ist das Pferd ungestüm und gefährlich. Normalerweise vergisst er seine Missgeschicke schnell, aber dadurch verliert er die Bewunderung seines Freundeskreises. Gelegentlich übt er auch heftigen Zwang aus, wenn andere nicht bekommen, was er will. Das Pferd liefert wenig im Vergleich zu dem, was es fordert, und wird grundsätzlich egoistisch, wenn es um seine Aufmerksamkeit geht.

Manchmal geht er großzügig mit Geld um und schränkt es nicht so sehr ein wie seine Energien, die er immer für seine Zwecke einsetzen will.

Das Pferd findet täglich Freunde, denen es nur halbherzig vertraut und die es verlässt, sobald es verärgert ist, um so zu tun, als sei nichts geschehen, wenn es das möchte. Sie sind sensibel, aber wenn sie wütend werden, zögern sie nicht, mit ihren Worten Schmerz zu verursachen.

Wenn Sie ein Pferd über alles lieben, dürfen Sie es nicht einsperren. Enthusiastisch und ungezügelt, haben sie stürmische Beziehungen, die nicht gut enden. Erst wenn sie erwachsen werden, und sehr zu ihrem Bedauern, werden sie ihren Verpflichtungen nachkommen.

Das Glück kann sie in verschiedenen Phasen ihres Lebens mit Geld begleiten, aber das sichert nicht ihre Zukunft, denn sie sind schlecht darin, ihre Finanzen zu verwalten.

Sie werden zugeben, dass ihnen das egal ist, aber sie vertrauen wirklich auf ihr Glück, und sie wissen, dass etwas oder jemand sie immer retten wird.

Sie sind dramatisch und erzählen Lügen, die für sie natürlich barmherzig sind, denn das hilft ihnen, andere zu überreden, vor denen sie weglaufen, bevor sie einen Rat annehmen.

Der Tiger, der Hund und die Ziege werden in allen Bereichen Ihre besten Beziehungen auf der Straße sein. Magische Momente können Sie auch mit dem Drachen, der Schlange, dem Affen, dem Hasen, dem Schwein, dem Hahn oder dem Pferd erleben.

Für die Ratte ist das Pferd zu wild und unbeständig. Auch der Ochse akzeptiert die Unstimmigkeiten des Pferdes nicht, und seine Kreativität scheint ihm eher eine Eigenschaft zu sein, die es ins Verderben führt, als eine positive Eigenschaft.

Ziege

Merkmale

Die Ziege hat eine melancholische Persönlichkeit, die zum Vorschein kommt, wenn sie wirklich lange Zeit still eine Art von Untreue ertragen hat. Er beklagt sich nicht, es fällt ihm schwer, seine Gefühle auszudrücken, und deshalb ist es für ihn schwierig zu wissen, was ihn bedrückt. Aus diesem Grund kann es sein, dass er es plötzlich in übertriebener Weise zeigt. Menschen, die ihm nahestehen, nehmen Warnzeichen wahr, wenn sie etwas beleidigt.

Sie ist eine ausgezeichnete Arbeiterin, wenn sie nicht unter Druck steht; wenn sie unter Druck steht, blockiert sie. Sie fühlt sich bei ihrer Arbeit unsicher, wenn sie nicht ermutigt oder gelobt wird. Sie toleriert keine Unwahrheiten, obwohl sie auch keine unverblümten Wahrheiten mag. Bei der Benotung ihrer Arbeit ist es besser, mit einem Lob zu beginnen und mit einem konstruktiven Tadel fortzufahren.

Gelegentlich finden wir sie in Führungspositionen. Wenn dies geschieht, hat die Ziege es geschafft, ein Gleichgewicht zwischen ihrer Verachtung und ihrem Misstrauen zu finden.

In der Liebe sind sie anhänglich, herzlich und sehr tolerant. Wenn sie richtig geliebt wird, kann sie der wunderbarste Partner sein, denn wenn die Ziege glücklich ist, überträgt sie das auf andere und macht das Leben für ihre Umgebung angenehmer. Wenn ihr jedoch etwas unangenehm ist, behält sie es für sich, und wenn man es am wenigsten erwartet, explodiert sie in einem nervigen Streit mit ihrem Partner.

Die Ziege ist sehr enthusiastisch. Sie erkennt vielleicht nicht, wann sie es wirklich will und wann es eine Laune ist. Ziegen sind sehr empfänglich für Zuneigungsbekundungen und haben die Fähigkeit, jemanden zu lieben, der ihnen auch nur den kleinsten Hauch von Romantik vermittelt.

Traurig zu sein und ihre Gefühle nicht im Griff zu haben, ist ihre negativste Seite. Eine weitere ihrer Schwächen ist, dass sie es mit den Ausgaben übertreibt und das Geld verschleudert, als ob es ihr nicht gehören würde.

Die Ziege ist sympathisch für andere, verträgt keine Kritik, ihre Stimmungen sind wechselhaft und sie ist subjektiv.

Die Ziege hat fantastisches Glück, die Leute geben ihr oft Geld oder hinterlassen ihr ein Erbe. Die Ziege vergisst niemals Geburtstage oder andere besondere Anlässe, denn sie ist sehr traditionell.

Rückschläge machen sie so wütend, dass sie nicht in der Lage ist, sie zu überwinden.

Wenn es um Ästhetik geht, wird die Ziege Sie nicht täuschen, denn sie hat einen feinen und eleganten Geschmack und Eigenheiten. Aber vergessen Sie nicht, dass sie auch gerne viel ausgibt und nicht praktisch ist. Wenn du als Aszendent ein Zeichen wie den Drachen, die Schlange oder den Tiger hast, ist es nicht ratsam, dass du Aufgaben übernimmst, die übermäßige Verantwortung erfordern.

Alles, was grotesk ist, schreckt sie ab. Sie ist so harmoniebedürftig, dass ihre Stimmung von ihrer Umgebung abhängt. Die Ziege wirkt am besten in einer luftigen und reizvoll verzierten Umgebung. Sie braucht die Unterstützung von dynamischen und ehrlichen Menschen.

Das Pferd, das Schwein und der Tiger haben fröhliche Eigenschaften, die das Temperament der Ziege verbessern. Sie verträgt sich auch gut mit dem Hasen, dem Affen, dem Drachen, dem Hahn, der Schlange und mit einer anderen Ziege.

Affe

Merkmale

Der Affe ist das Zeichen, das die meisten Streitereien provoziert. Einige sehen ihn als scharfsinnig und sehr jovial, andere katalogisieren ihn als frech und freizügig, während sein Partner wie hypnotisiert davon lebt, das enthusiastischste Wesen des Universums erobert zu haben. Durch seine Art passt er sich geschickt an die Umgebung an, in der er sich aufhält, und er weiß, wie er sich in jeder Situation verhalten muss. Wenn er sich jedoch wohlfühlt, kann es passieren, dass er zum Clown der Party wird und sogar jemandes Gefühle durch seine deftige Polemik verletzt. Der Affe nimmt wenig Rücksicht auf die Gefühle anderer, da er sie meist nicht gut versteht.

Bei einem Streit ist es besser, ihn zu ignorieren, denn wenn du versuchst, ihn zur Vernunft zu bringen, wird es vergeblich sein. Es ist praktisch, von seinen Fähigkeiten zu lernen, um erfolgreich aus Streitigkeiten herauszukommen.

In der Liebe ist es äußerst selten, dass sie sich wahnsinnig verlieben. Sie ziehen es vor, dass sich der andere verliebt, ihre Leidenschaften sind flüchtig. Sie sehnen sich mehr nach einem One-Night-Stand als nach den Verpflichtungen eines Zuhauses. Wenn sie zufällig heiraten, dann nach einer Reihe von Vereinbarungen oder nachdem sie über jemanden wie ihn gestolpert sind.

Affen sind hartnäckig und haben immer eine Lösung für die Probleme, denen sie gegenüberstehen. Mit ihnen ein Unternehmen zu gründen, ist zwar anstrengend, aber eine kluge Idee, denn sie bringen alles mit, was sie wissen und besitzen, um es zum Erfolg zu führen. Diese Fähigkeit, erfolgreich zu sein, macht sie sehr kompetent für den Erfolg, weshalb sie an einem Tag ganz unten und am nächsten ganz oben sind.

Ihre Überzeugungskraft macht sie zu ausgezeichneten Politikern, Verkäufern und wirklich jedem Ziel, das sie sich setzen. Der Affe hat keinen Respekt vor anderen oder ein Übermaß an Selbstachtung, er ist eigennützig, eingebildet, wettbewerbsorientiert und sehr geschickt darin, seine Gefühle zu verbergen, während er seine subtilen Untaten erfindet.

Jeder, der den Affen gut kennt, wird es äußerst schwierig finden, seine Lebenslust nicht zu bewundern, denn diese Eigenschaft unterscheidet ihn von anderen und deshalb wird er oft beneidet. Der Ruf des Affen kann so wackelig sein wie ein Pendel, aber trotzdem macht er nie den

Eindruck, als würde er sich übermäßig darum sorgen, was andere von ihm denken, denn er ist sich sicher, dass er ihre Meinung ändern kann.

Das bedeutet nicht, dass er apathisch ist oder Kritik abwehrt. Im Gegenteil, der Affe hält sich an die Fairness. Aber man muss sich bewusst sein, dass er immer nur an seine eigenen Überzeugungen denkt. Seine Gnadenstöße sind verhängnisvoll, aber wenn man sich davon erholt, muss man akzeptieren, dass er noch nie mit solcher Eleganz und Subtilität besiegt worden ist. Das Schlimmste ist, dass die Chance besteht, dass er einen wieder einwickelt und man dem Charme seiner Ausstrahlung verfällt, weil man ihn schließlich lieb und teuer findet.

Der Affe verfügt nicht nur über ein ausgezeichnetes Gedächtnis, sondern ist auch praktisch veranlagt und verschwendet nie Zeit mit Dingen oder Menschen, die ihm Spaß machen. Jeder Affe ist einzigartig, keine zwei sind gleich, und obwohl er voller Fehler ist, genießen die Menschen seine Gesellschaft, weil sie seine Geschicklichkeit und List nicht verachten können. Die Gerissenheit des Affen ist berühmt. Wenn er verliert, ist der Affe nicht kapriziös, denn wenn das Schicksal nicht zu seinen Gunsten ist, gibt er nach.

Kurz gesagt, der Affe ist ein liebevoller und umgänglicher Mensch, der entschlossen ist, energisch zu arbeiten. Gewöhnlich erreicht er, was er sich wünscht, ohne sich anzustrengen, und aus diesem Grund wird er schnell desinteressiert an dem, was er erreicht hat. Er muss sich in Toleranz und Beständigkeit üben, sonst wird ihm niemand je vertrauen.

 Der Drache liebt seine Gesellschaft wegen seines guten Urteilsvermögens, und der Hase, die Ziege, der Hund, das Pferd und der Ochse werden die Beweglichkeit des Affen bevorzugen und sein Können und seine Wettbewerbsfähigkeit schätzen. Der Hahn und das Schwein brauchen deine Intelligenz.

Mit ihrem misstrauischen Verstand wird sich die Schlange nie ganz mit dem Affen anfreunden können. Der Tiger ist das Hauptziel seines Unfugs und Unfugs. Wenn sie aufeinandertreffen, zeigt der Affe seine Tapferkeit und da er weiß, dass der Tiger nicht gerne verliert, wird er sich freuen, ihn zu überwältigen.

Hahn

Merkmale

Der Hahn ist eitel, aber er hat ein Herz aus Gold. Er gibt mit Würde an und verhält sich auf dem Niveau von jemandem, der Respekt und Achtung verdient. Er ist ein ausdauernder Arbeiter, hält sich an die Regeln und mag es nicht, in Klatsch und Tratsch verwickelt zu werden. Wenn zusätzliche Arbeit anfällt, erledigt er sie ohne Protest, denn er hasst es, Dinge halbfertig zu erledigen. Seine Fähigkeit zur Abstraktion und seine Ruhe machen ihn für intellektuelle Arbeiten sehr geeignet.

Sie geben ihr Geld für Luxusgüter aus, weil sie gerne bequem leben. Wir können sagen, dass sie nicht sehr sparsam sind, aber sie sind auch nicht sparsam. Wir können sagen, dass sie kapriziös sind.

Der Hahn ist ein guter Liebhaber im wahrsten Sinne des Wortes. Er ist gefühlvoll und erwartet das Gleiche im Gegenzug. Er mag es, verführerisch auszusehen und achtet sehr auf sein Äußeres, wenn er seine Partnerin trifft. In seinem Verhaltensmuster hat Untreue keinen Platz, da er danach strebt, seinen Seelenverwandten zu finden, jemanden, mit dem er sein Leben teilen kann.

Hähne lieben es, sich mitzuteilen, denn auf diese Weise können sie zeigen, dass sie informiert und intelligent sind. Zu dieser Fähigkeit gehört auch das Schreiben. Er ist sehr heiter, aufschlussreich und unterhaltsam und liebt es, von seinen Abenteuern zu erzählen.

Der Hahn, der sich von seiner negativen Seite zeigt, ist eigennützig, spöttisch und kriegerisch. Er denkt, dass er immer Recht hat und hat kein Selbstvertrauen. Manchmal lässt er sich gerne schmeicheln und leidet unter Größenwahn.

 El Hahn ist ein großartiger Ökonom der Finanzen anderer Leute. Wenn Sie zufällig wirtschaftliche Probleme haben, weil Sie das Geld nicht im Griff haben, geben Sie El Hahn Ihre Finanzen. Sie werden sehen, dass er Ihnen im Handumdrehen eine genaue Berechnung vorlegen wird.

Wenn Sie einen Hahn spielen wollen, müssen Sie zugeben und begründen, dass er Kontroversen liebt, und das ist für ihn eine einfache mentale Gymnastik. Auch wenn es peinlich ist, müssen Sie verstehen, dass sein Verhalten nichts Besonderes ist, und außerhalb der Kampflinie ausharren, sobald Sie verstehen, dass er ewig ein Arsenal hat, um sich zu verteidigen.

Der Hahn, wenn sie eine Menge Geld haben, werden großzügig nur auf ihre Familie, oder irgendwann wollen sie die Hingabe ihrer Bewunderer zu verdienen. Aus diesem Grund sollten Sie daran denken, dass das Einzige, was Sie von einem Hahn kostenlos bekommen können, sein Rat ist.

Trotz all seiner Fehler ist der Hahn ehrlich in seinem Wunsch, andere zu unterstützen, und hat bei allem, was er initiiert, gute Absichten.

Mit seinen vielfältigen Fähigkeiten und seiner Begeisterung für die Arbeit wird der Hahn unglaublich jung anfangen und schon früh Erfolg im Leben haben. Was er wirklich brauchen wird, um zu erhalten, ist Maß in allem, was er beginnt. Es überzeugt ihn nicht, seine Fehler zu akzeptieren, und das führt dazu, dass er jede Person verletzt und sogar seine Feinde verunglimpft. Es ist nicht angebracht, seine Einflüsse zu minimieren, denn mit seinem beruflichen Gespür kann er enorme Triumphe erzielen, wenn er sich darauf einlässt.

Der Hahn ist ein ausgezeichnetes Paar mit der Schlange und dem Ochsen. Der Drache wird Freude an den zukünftigen Zielen des Hahns finden. Der Tiger, die Ziege, der Affe und das Schwein werden gute Partner für den Hahn sein.

Zwei Hähne zusammen werden eine legitime Hahn-Fehde bekommen. Der Hahn wird immer Konflikte mit der Ratte und dem Hasen haben.

Die Beziehung zwischen dem Hund und dem Hahn
schwankt zwischen normal und verwöhnt. Sie können
zusammenarbeiten, aber sie sind nicht für ein gemeinsames
Familienleben bestimmt.

Hund

Merkmale

 Hunde lieben es, andere Menschen glücklich zu machen, obwohl ihre Sturheit und ihre Art, die Dinge mit einem Übermaß an Legalität zu interpretieren, oft zu Konflikten führen. Sie denken, dass die Welt auf dem Kopf steht, obwohl sie nicht versuchen, sie zu verändern, sondern sich einfach anpassen.

Hunde sind äußerst treu. Ihre Treue zeigt sich in Freundschaft und Liebe, obwohl das nicht bedeutet, dass sie außergewöhnliche Liebhaber sind. Hunde können zwar enthusiastische Momente erleben, aber das ist auch schon alles, denn sie neigen dazu, sich mit alltäglichen Situationen zu beschäftigen, die mehr Raum in ihrem Kopf einnehmen als ihre Arbeit, ihre Freunde oder ihr Partner. Auch wenn sie nicht genug lieben, werden sie immer versuchen, Beziehungen zu retten, denn sie haben besonders gute Gefühle und werden ihr Bestes tun, um zu helfen. Sie werden immer die Probleme anderer Menschen lösen, bevor sie entstehen. Manche mögen dies als

Einmischung interpretieren, und ihre Sturheit wird sie daran hindern, darüber nachzudenken, dass ihr Wunsch zu helfen sich manchmal als peinlich für andere erweist.

Hunde sind gute Berater und befolgen die Befehle ihrer Vorgesetzten. Ihr Wesen trägt dazu bei, Konflikte innerhalb eines Unternehmens zu entschärfen. Dies und ihr ausgeprägter Sinn für Gleichberechtigung qualifizieren sie für die Sozialarbeit.

Es ist selten, dass der Hund sich über jemanden ärgert, er wird ihn zur Vernunft bringen, ohne ihn zu hassen. Nicht alle Hunde suchen den Konflikt; im Gegenteil, sie wollen die Menschheit und das Gemeinwohl schützen. Sobald ein Hund die Entscheidung trifft, eine gerechte Sache zu akzeptieren, triumphiert er immer, weil seine Bemühungen und Werte hoch sind. Hunde sind sehr verantwortungsbewusst, sie sind vom Temperament her Vermittler und werden sich Ihre Argumente mit Interesse anhören, aber wenn Sie sie bitten, Ihnen von ihrem Leben zu erzählen, werden sie ausweichend und diskret sein.

Der Hund hat manchmal einen schlechten Ruf, weil er sarkastisch ist, aber das ist eine allgemeine Aussage. Für ihn gibt es keine Wandteppiche, es ist entweder schwarz oder weiß. Nichts kann halbwegs sein. Er muss wissen, wie Sie sich verhalten, bevor er sich mit Ihnen wohlfühlen kann.

Bequem, entschlossen und mit einem gewissen Wohlstand ausgestattet, wird der Hund ein guter Ratgeber sein, der keine Gnade kennt, nicht einmal sich selbst gegenüber.

Die Menschen vertrauen dem Hund wegen seiner Diskretion und seines Pflichtbewusstseins, was jedoch seine Neigung zu kleinlichen Streitigkeiten nicht ausschließt, für die er so anfällig ist. Obwohl der Hund immer zufrieden und zufrieden ist, ist er von Natur aus melancholisch. Er neigt dazu, sich ohne Grund aufzuregen, und muss immer präzise Antworten geben. Wenn er wütend ist, kann er unangenehm oder ängstlich sein, aber im Allgemeinen ist er heiter und bereit, die Bedürfnisse seiner Mitmenschen zu erfüllen.

Wenn du einmal die Loyalität eines Hundes gewonnen hast, wird er dir sein ganzes Vertrauen schenken und dich absolut unterstützen. Menschen dieses Zeichens sind energiegeladen und können eine Menge Sorgen ertragen, ohne daran zu zerbrechen. Der Hund verträgt sich am besten mit dem Pferd, dem Hasen und dem Tiger.

Er wird niemals Komplikationen mit der Ratte, der Schlange, dem Affen, dem Schwein oder mit einem anderen Hund haben.

Für einen Hund ist es jedoch äußerst schwierig, mit einem Hahn umzugehen, und er wird dem Drachen niemals sein ganzes Vertrauen schenken können. Seine Beziehung zur Ziege ist nicht gesund.

Schwein

Merkmale

Wäre das Schwein nicht so ehrlich, würde es mehr Freundschaften pflegen, oder es würde nicht so viele Gelegenheiten und geeignete Kontakte verlieren. Das Schwein glaubt, dass es in erster Linie auf die Wahrheit ankommt. Deshalb stören sie zerbrochene Beziehungen nicht mehr als eine Beziehung, die auf Offenheit beruht.

Die Ungewissheit, die das Schwein projiziert, ist das Ergebnis einer enormen Besorgnis. Sie müssen über alles hundertmal nachdenken, und selbst wenn sie sich für etwas entschieden haben, zweifeln sie, ob ein anderer Weg nicht besser gewesen wäre.

Trotz all dieser Unwägbarkeiten fällt es ihnen, wenn sie sich entscheiden, schwer, eine Änderung vorzunehmen, und sie beschließen, den Weg entschlossen fortzusetzen.

Schweine sind entgegenkommend, herablassend und fair. Aufgrund ihrer Einstellung eignen sie sich gut für die Arbeit und für Tätigkeiten, bei denen es auf Konzentration ankommt.

In der Liebe sind sie treu, zuvorkommend und umgänglich. Obwohl sie einen ausgeprägten Sinn für Humor haben und das Leben zu genießen wissen, sollten sie in Beziehungen nicht mit Personen zusammengebracht werden, die sehr kommunikativ sind oder sich zum Vergnügen hingezogen fühlen, da sie das häusliche Leben genießen und Zusammenkünfte mit engen Freunden eher als mit Menschenmengen vorziehen.

Er ist ein integrer Mensch, der sich nicht davon blenden lässt, an mehr als einer Sache gleichzeitig zu arbeiten, was ihn aber nicht daran hindert, den dynamischen Erfahrungen der jouissance nachzugehen, die in ihrer falschen Version ihre Zerstörung bedeuten könnten.

Das Schwein will nicht der Chef sein, deshalb ist es ein treuer Gefährte, der nie darum konkurrieren wird, im Mittelpunkt zu stehen, auch wenn es das manchmal unbewusst durch seine Handlungen tut und sich unentbehrlich macht.

Er ist barmherzig und ehrlich und hat das Glück, immer einen treuen Freund zu haben, der ihm helfen will, wenn er es braucht. Er zieht es jedoch vor, eher zu geben als zu fordern.

Obwohl er sehr leicht empört ist, verzichtet er schnell auf Feindseligkeit, weil er sich für Harmonie entscheidet, was ihn selbstzufrieden und resigniert macht, um zu kooperieren und sich jedes Argument anzuhören. Er liebt es, Wohltätigkeitsarbeit zu leisten, er lässt sich nicht von

Verpflichtungen beeindrucken, und es ist, als ob er geboren wurde, um gegen sie zu kämpfen.

Seine negative Seite ist, dass er, wenn er sich entschließt, sie zu offenbaren, eine bestimmte Situation ausnutzen und so ohne Skrupel über alles verfügen kann, als ob es ihm gehören würde.

Wenn er sich verliebt, gibt er sich seiner Liebe und Treue hin, ohne etwas dafür zu verlangen. Er legt Leidenschaft und Glück in all seine Handlungen und lässt seinen Partner den Nabel der Welt fühlen. Er ist sehr sinnlich und weiß nicht, wie er seine Gefühle verbergen kann, noch leugnet er die Ansprüche der Person, die er liebt, und gibt sich dunklen Leidenschaften hin.

Das Schwein ist kein guter Anführer und Vorgesetzter, und es ärgert ihn, dass er in seinen Ambitionen eingeschränkt ist. Das macht ihn egoistisch und nutzlos. Seine unverwüstliche Neigung zu geben ist Ausdruck seiner großen Verpflichtung zur Zusammenarbeit. Er lebt gerne in der Gegenwart und versucht nicht, in die Vergangenheit zu reisen oder die Zukunft vorwegzunehmen, weshalb er über eine große Rehabilitationskraft und eine eiserne Entschlossenheit angesichts der Schwierigkeiten des täglichen Lebens verfügt.

Er ist sehr akribisch und gibt keine Ruhe, wenn er in formale Streitigkeiten gerät, und selbst wenn er vernünftig ist, wird er das Gefühl haben, dass er das Problem verursacht hat, weil er nicht in der Lage war, die Harmonie zu bewahren.

Der Hase und die Ziege sind seine bevorzugten Komplizen, denn sie teilen mit ihm das Bedürfnis nach Gelassenheit und Harmonie. Der Tiger begleitet ihn auf kurvenreichen Wegen. Die Ratte, der Ochse, das Pferd, der Hahn, der Hund und der Drache teilen freudige Gelegenheiten mit dem Schwein.

Ein anderes Schwein, es ist nicht eine angenehme Vereinigung, noch unterhaltsam, aber es wird nicht schlecht funktionieren. Die schwierigsten Oppositionen sind mit der Schlange und dem Affen, da es immer mit diesen beiden bösartigen kleinen Tieren verliert.

Ritual zur Eröffnung des chinesischen Neujahrs 2024

Das chinesische Neujahrsfest sollte mit Freude, Musik und einem üppigen Familienessen begrüßt werden. Es ist eine Zeit, in der man feiert und sich auf Glück und Wohlstand für das kommende Jahr konzentriert. Sie sollten neue Kleidung tragen, da dies einen Neuanfang symbolisiert. Eine kräftige Farbe wie Rot, die für Harmonie, Glück und Wohlbefinden steht, ist für diesen Tag ideal. Vermeiden Sie es, Weiß oder Schwarz zu tragen, wenn Sie auf das neue Jahr warten, da dies die Farben sind, die man normalerweise bei Beerdigungen trägt.

Um sich auf das chinesische Neujahr vorzubereiten, ist eine Reinigung in Form eines Rituals sinnvoll. Diese Reinigung soll böse Geister abwehren, die sich vielleicht in den Ecken des Hauses verstecken. Normalerweise werden die Möbel ausgetauscht oder umgestellt, die Farbe im Haus ausgebessert, Schäden repariert und die Fenster mit reichlich Wasser gewaschen.

Ritual der Reinigung

Am selben Abend, vor dem Jahreswechsel, sollten Sie Ihr Haus reinigen, alle Fenster zum Lüften öffnen und weiße und rote Blumen in alle Gemeinschaftsbereiche Ihres Hauses stellen. Speziell am Eingang sollten Sie Zimt, Sandelholz, Eukalyptus oder Lavendel räuchern oder Lorbeerblätter verbrennen. Lorbeer ist eine Pflanze, die schützen, reinigen und heilen kann. Eine weitere Möglichkeit, positive Energien in Ihr Haus zu holen, ist die Kombination von Zimt und Lorbeerblättern. Verbrennen Sie Lorbeerblätter und bestreuen Sie sie mit Zimtpulver. Wenn diese Mischung angezündet ist, verteilen Sie den Rauch in den Räumen Ihres Hauses.

Man muss das Haus gut räuchern. Unter Räuchern versteht man die Erzeugung von Rauch mit Hilfe von Weihrauch, um die Umgebung zu aromatisieren und als Instrument der Reinigung und Entschlackung zu nutzen. Seine Besonderheit ist, dass er einen angenehmen Duft verströmt, dem entspannende Eigenschaften zugeschrieben werden. Viele Menschen benutzen Räucherstäbchen, um die energetischen Schwingungen ihrer Wohnung zu verändern.

Wenn Sie eine Räucherung haben, die Sie im ganzen Haus verteilen, denken Sie daran, kreisende Bewegungen nach rechts zu machen. Wenn ihr einen persönlichen Bereich reinigen wollt, solltet ihr mit eurem eigenen Körper beginnen, von den Füßen bis zum Kopf, und dann zum

Herzen zurückkehren, wobei ihr immer leichte Kreise macht.

Da dies das Jahr des Grünen Holzdrachen ist, ist es ratsam, ein Paar Holzdrachen in Ihrem Haus zu haben. Wenn Sie diese Möglichkeit nicht haben, können Sie sie mit Bildern, Porträts oder Figuren symbolisieren.

Eine weitere Empfehlung für das Jahr 2024 ist, einige Wände Ihres Hauses grün zu streichen. Diese Farbe symbolisiert Wohlstand für dieses Jahr. Übersättigen Sie Ihr Haus nicht mit Grün, denken Sie daran, das Gleichgewicht zu halten. Wenn Sie es mit dem Grün übertreiben, ziehen Sie Stress in Ihr Leben.

Eine Möglichkeit oder Option ist es, sie mit Ihnen zu tragen, als Armband, Anhänger Ohrringe, Pendel, Schläfer, auf einem Ring, Schlüsselanhänger oder Talisman in der Tasche oder Handtasche, wird dies eine Assoziation von Reichtum, Schutz und viel Glück in Ihrem Leben, zu Hause oder im Büro zu bilden.

Wenn Sie einige Pflanzen wie Lavendel, Raute oder die Geldpflanze kaufen können, die die Fähigkeit haben, Fülle zu erzeugen, zusätzlich zu ihrer Kraft, schlechte Schwingungen zu vertreiben und umzuwandeln, werden Sie es nicht bereuen.

Da Wasser das Element ist, das das Holz ergänzt, wird ein Wasserbrunnen am Eingang Ihres Hauses Wohlstand anziehen. Vergessen Sie nicht, dass das Wasser nach innen fließen sollte. Wenn Sie einen Wasserbrunnen in den Wohlstandsbereich Ihres Hauses stellen, der sich von der Eingangstür aus gesehen auf der linken Seite hinten befindet, werden Sie viele materielle Gewinne erzielen.

Zusammen mit Grün ist Rot die Glücksfarbe für das Jahr 2024, du solltest sie in deinem Haus verwenden, um die Energien des Glücks zu aktivieren. Sie können Rot auf Ihrer Kleidung oder mit einem anderen Kleidungsstück wie einem Schal, einer Mütze oder einem Armband tragen, damit Sie Geld anziehen können.

Vorhersagen für 2024

Ratte

In diesem Jahr 2024 hat die Ratte besonders gute Aussichten in ihrem Beruf, weil sie Gewinne erzielen kann. Wenn Sie einen stabilen Arbeitsplatz haben, werden Sie ein gutes Einkommen erzielen und die Chance auf eine Gehaltserhöhung haben. Wenn Ihnen die Möglichkeit geboten wird, Ihren Arbeitsplatz zu wechseln, sollten Sie darüber nachdenken, bevor Sie sich entscheiden. Beobachten und analysieren Sie, bevor Sie einen Schritt tun. Wenn Ihre Intuition Ihnen sagt, dass die neue Stelle Ihnen helfen wird, Ihre beruflichen Ziele zu erreichen, nehmen Sie die Herausforderung an.

Die Ratte hat im Jahr 2024 gute Aufstiegschancen, denn Drachenjahre bieten immer viele finanzielle und berufliche Möglichkeiten. Da Ratten so einfallsreich sind, können sie zusätzliches Geld verdienen und Kontakte zu einflussreichen Menschen knüpfen. Geschäftsreisen und Studium können sich für dieses fleißige Zeichen auszahlen.

Für selbständige Rats oder Unternehmer können sich harte Arbeit und strategische Ideen auszahlen und ihnen helfen, ihr Unternehmen voranzubringen.

Im Jahr des Drachen geht es darum, Netzwerke zu erweitern und wertvolle Verbindungen zu knüpfen. Ratten können mit einflussreichen Menschen in Verbindung treten und vorteilhafte Partnerschaften eingehen, die Türen zu neuen Möglichkeiten öffnen werden.

Sie sollten mit der Unaufrichtigkeit von Arbeitskollegen äußerst vorsichtig sein, wenn sie in Streitigkeiten oder rechtliche Probleme geraten, können Sie einen Rechtsstreit verlieren.

Es ist am besten, Konflikte zu vermeiden, um unangenehme Überraschungen zu vermeiden.

Es wird Zeiten geben, in denen Sie viel Geld verdienen werden, aber Sie sollten vorsichtig sein mit impulsiven Ausgaben und nicht investieren, ohne den Markt zu studieren.

Die Energien des Holzdrachen sind außerordentlich stark und können Herausforderungen mit sich bringen. Ratten können vermehrt Stress erleben, daher ist es wichtig, ausgeglichen zu bleiben. Ratten werden im Jahr 2024 eine persönliche Transformation erleben, die sie zu einem tieferen Verständnis ihrer Lebensaufgabe führen wird.

Die Aussichten in der Liebe werden günstig sein, Sie haben viele Möglichkeiten, sich auszutauschen und neue

Beziehungen aufzubauen. In Ihrem Arbeitskreis, wenn Sie alleinstehend sind, gibt es die Möglichkeit, Ihren Seelenverwandten zu finden.

Ratten werden ein stabiles Liebesleben genießen können, ob sie nun einen festen Partner haben oder nicht. Diejenigen, die bereits verlobt sind, könnten beschließen, ihre Familie zu erweitern.

Sie sollten auf Ihre Nieren und Ihr Harnsystem achten. Es ist wichtig, Zeit für Bewegung zu finden. Mehr Aktivitäten im Freien, Spazierengehen, Joggen oder Radfahren sind gute Möglichkeiten. Sie sollten das Sonnenlicht nutzen, um Ihre Gesundheit zu verbessern. Die wichtigste Vitamin-D-Quelle ist die Sonneneinstrahlung. Sie sollten Ihr Gesicht und Ihre Hände täglich 5 bis 10 Minuten der Sonne aussetzen, um den Vitamin-D-Spiegel in Ihrem Körper zu erhöhen.

Ochse

Im Jahr des Drachen wird der Ochse voller Energie sein, aber er sollte übermäßig vorsichtig sein, denn dieses Jahr bringt sehr tiefgreifende Veränderungen, positive Auswirkungen, aber auch einige Herausforderungen.

Der Ochse ist ein sehr ethisches und entschlossenes Individuum, diese Eigenschaften werden sich verstärken und dem Ochsen ein zusätzliches Maß an Ausdauer verleihen. Sie werden bereit sein, sich jeder Herausforderung zu stellen und ihre Ziele mit einem unzerstörbaren Willen zu verfolgen.

In diesem Jahr des Drachen bieten sich dem Ochsen viele Möglichkeiten für beruflichen Erfolg. Sie werden in ihren beruflichen Bemühungen Anerkennung finden, ihre Bereitschaft, Toleranz und ihr Engagement werden endlich belohnt.

Der Aufbau eines Netzwerks von Kontakten kann ihm bei seiner beruflichen Entwicklung helfen, und selbst wenn seine beruflichen Aufgaben zunehmen, wird er mit

Begeisterung vorankommen können. Die Energie des Drachen wird den Ochsen leiten und ihm Strategien an die Hand geben, um zu mehr Wohlstand zu gelangen, aber er muss investieren und seine Finanzen verwalten. Obwohl der Ochse finanziell verantwortungsbewusst ist und das Jahr des Drachen ihm Chancen auf Wohlstand bietet, ist es wichtig, dass er lernt, seine Finanzen zu verwalten und unnötige Risiken zu vermeiden.

Der Ochse sollte daran denken, dass alle Herausforderungen dazu dienen, seine Geduld und Anpassungsfähigkeit zu prüfen; diese Herausforderungen sind Gelegenheiten für persönliches Wachstum und Entwicklung. Es ist nicht so, dass der Drache Ihnen direkt Geld in die Hand drücken wird. Es geht darum, dass Sie Investitionsmöglichkeiten finden werden, und wenn Sie die richtigen Entscheidungen treffen, werden Sie Wohlstand erlangen.

Wenn Sie keinen Partner haben, müssen Sie geduldig sein, es gibt Möglichkeiten, aber Sie werden auch Konkurrenz finden. Ihre Chance, Liebe zu finden, könnte in Ihrem Freundeskreis versteckt sein.

Das Komische ist, dass Sie eher einen Partner finden, wenn Sie nicht so intensiv suchen. Es ist wahrscheinlicher, dass Sie jemanden zwanglos treffen als in einer romantischen Umgebung.

Wenn Sie in einer Beziehung sind, müssen Sie verhindern, dass die Liebe in eine Routine verfällt, dafür müssen Sie sich anstrengen und viel Toleranz und Geduld aufbringen. Der Stress im Beruf und die Konflikte in der Familie können zu Streitigkeiten führen, die Sie von Ihrem Partner entfremden können. Kommunikation ist besonders wichtig, und Reife ist grundlegend.

Im Falle eines Streits oder eines Rechtsstreits erleiden beide Parteien erhebliche Verluste. Es ist klug, sich mit der anderen Partei zu versöhnen, um erhebliche finanzielle Verluste zu vermeiden.

Im Jahr des Drachen werden Sie über gute Gesundheit und Energie verfügen. Sie werden nur unter Schlaflosigkeit aufgrund von Stress leiden, daher wäre es ratsam, einen Weg zu finden, sich zu entspannen.

Wenn Sie mehr in Kontakt mit Ihren Gefühlen sind, kann Ihnen das helfen, sich in diesem Jahr weiterzuentwickeln. Bewegen Sie sich, wenn Sie können, und achten Sie auf Ihre Ernährung. Wenn du gesunde Essgewohnheiten beibehältst, wirst du ein gutes Jahr haben.

Tiger

Das Jahr des Holzdrachen bringt Hindernisse im beruflichen Bereich des Tigers. Es ist besonders wichtig, dass Sie keine Fehler machen, wenn Sie auf diese Schwierigkeiten stoßen. Sie müssen ruhig bleiben und Ihre Weisheit einsetzen.

Sie sollten sich nicht auf Diskussionen mit Ihren Arbeitskollegen oder Kunden einlassen, um negative Auswirkungen zu vermeiden. Tiger sind für ihr selbstbewusstes Wesen bekannt, diese Eigenschaft wird sich noch verstärken, und sie werden dazu neigen, Risiken einzugehen. Sie können erfolgreich sein, wenn sie ihren Kampfgeist beibehalten und in diesem Jahr neue Kontakte oder einflussreiche Verbindungen knüpfen.

Diejenigen, die einen festen Arbeitsplatz haben, werden einige schwierige Monate erleben und Geduld im Umgang mit ihren Chefs brauchen.

Tiger haben einen ausgeprägten Sinn für Finanzen, und das Jahr des Drachen könnte ihnen die Möglichkeit bieten, ihre Finanzen zu verbessern. Allerdings sollten sie ihre

Finanzen klug verwalten, geeignete Gelegenheiten wahrnehmen und impulsive Ausgaben vermeiden.

Das Jahr des Drachen ist immer vielversprechend, aber es kann auch Herausforderungen mit sich bringen, die die Anpassungsfähigkeit der Tiger auf die Probe stellen. Es ist ein Jahr, um neue Horizonte zu erkunden. Man sollte sich auf seine Aufgaben konzentrieren, es ist nicht die Zeit, seine Energien zu zerstreuen oder sich von unnützen Dingen ablenken zu lassen, es ist die Zeit, Erfahrungen zu sammeln.

Diejenigen, die sich in der Anfangsphase einer Beziehung befinden oder eine solche im Jahr des Hölzernen Drachen beginnen, sollten der Beziehung Zeit lassen, sich zu entwickeln. Wenn Sie in der Anfangsphase überstürzt handeln oder Erwartungen haben, könnte das zu Schiffbruch führen.

Für diejenigen unter Ihnen, die einen Partner haben, kann das Jahr arbeitsreich und interessant sein. Es wird nicht nur Pläne und Hoffnungen geben, die man miteinander teilen kann, sondern auch neue Möglichkeiten, da sich die Situationen ändern. Sie müssen kommunikativ sein und die Dinge mit Ihrem Partner besprechen, teilen und gemeinsame Anstrengungen unternehmen. Ihr Charisma wird unwiderstehlich sein, aber wenn Sie in einer Beziehung sind, sollten Sie sich auf die Vertiefung emotionaler Beziehungen konzentrieren.

Sie müssen ernsthaft mit den Menschen sprechen, die Ihnen in Ihrem Leben Probleme bereitet haben, denn obwohl es ein Jahr ist, um Freundschaften zu stärken, müssen Sie sich von denen trennen, die nichts Positives zu Ihrem Leben beitragen.

Tigern wird geraten, Stress zu bewältigen und sich täglich zu bewegen, um ihre körperliche und geistige Gesundheit zu erhalten. Meditation kann ihnen helfen, ihr allgemeines Wohlbefinden zu verbessern. Sie sollten mit dem Rauchen aufhören und ihren Geist stärken.

Vorbeugen ist besser als heilen, deshalb sollten Sie im Falle einer Krankheit sofort einen Spezialisten aufsuchen. Achten Sie auf Ihr Energieniveau. Eine ausgewogene Ernährung und regelmäßige Bewegung tragen zu Ihrem allgemeinen Wohlbefinden bei. Nehmen Sie an Aktivitäten teil, die Ihren Geist anregen. Praktizieren Sie Achtsamkeit, um Stress abzubauen. Achten Sie auf ein ausgewogenes Verhältnis zwischen Arbeit und Erholung, um eine optimale Gesundheit zu erhalten.

Kaninchen

Im Jahr des Drachen werden Hasen einen außergewöhnlichen Sinn für Kreativität entwickeln. Sie werden geneigt sein, ihre künstlerischen Talente zu erforschen und werden Möglichkeiten zur beruflichen Weiterentwicklung haben.

Die Arbeit wird der Zufluchtsort für die Hasen sein, und diejenigen, die einen Job haben, werden erfolgreich sein, da sie vielleicht eine Gehaltserhöhung oder einen Wechsel in eine höhere Position erhalten.

Diejenigen, die keine Arbeit haben, können den Job bekommen, von dem sie immer geträumt haben. Es ist wichtig, sich nicht von Ungeduld hinreißen zu lassen. Dies ist die ideale Zeit, um sich auf Ihre körperliche Fitness und Ihr geistiges Wohlbefinden zu konzentrieren und Ihre Energien in kreative Aktivitäten zu lenken.

Kaninchen haben einen ausgeprägten Sinn für Finanzmanagement. Das Jahr des Drachen bietet Ihnen viele Gelegenheiten, finanziell erfolgreich zu sein.

Dies wird ein wechselhaftes Jahr sein. Wer einen Partner hat, sollte sich vor Untreue hüten. Es ist wichtig, sich nicht von Freunden mitreißen zu lassen, einige könnten Ihnen schlechte Ratschläge geben.

Diejenigen, die noch keinen Partner haben, sollten vorsichtig sein, wenn sie einen suchen, denn das Jahr wird viele Gelegenheiten bringen, die eine Falle sein können, unter der sie leiden können. Deine charismatische Persönlichkeit wird ein Magnet für alle Beziehungen sein.

 Wenn Sie bereits in einer romantischen Beziehung leben, sollten Sie sich darauf vorbereiten, diese noch besser zu gestalten, als sie es in den letzten Jahren getan hat. Achten Sie auf Ihren Partner, um die Intimität Ihrer sexuellen Beziehung zu verbessern.

Tiger können in der Interaktion mit anderen auf Konflikte stoßen. Im Falle eines Streits werden Sie gewinnen, wenn es ein legitimer und vernünftiger Grund ist. Mit dem Drachen im Rücken können Sie einen überwältigenden Sieg erringen.

Achten Sie auf Ihr Verdauungssystem, ernähren Sie sich abwechslungsreicher. Ihr Körper ist Ihr heiliger Tempel. Es hat keinen Sinn, sich um alle anderen Aspekte Ihres Lebens zu kümmern, wenn Ihr Körper vernachlässigt wird.

In diesem Jahr vermissen Sie vielleicht jemanden, der Ihr Leben verlassen hat. Das Leben ist so, es gibt Ihnen gute Dinge, die Sie jetzt genießen sollten, und es nimmt sie

Ihnen auch wieder weg, wenn Sie es am wenigsten erwarten. Sie müssen weiterhin schöne Erinnerungen schaffen, Erinnerungen, die Sie fühlen lassen, schließlich ist das das Einzige, was wir mit uns nehmen werden.

In einigen Monaten des Jahres werden Sie mit Wunden zu tun haben, die Sie für geschlossen hielten.

Das familiäre Umfeld wird angenehm sein, Sie werden ein Haus kaufen oder eine Wohnung mieten können.

Am Ende des Jahres wird die Arbeit stressiger werden. Das bedeutet, dass Sie härter arbeiten und häufiger mit anderen Menschen zusammenarbeiten müssen. Die Arbeitskollegen werden Ihnen vielleicht lästiger sein als sonst. Versuchen Sie jedoch, im Umgang mit ihnen ruhig zu bleiben.

Drache

In diesem Jahr wird der Drache eine stabile und blühende Karriere haben, die Ihnen nicht nur beruflichen Erfolg, sondern auch wirtschaftlichen Wohlstand ermöglicht. Wenn es eine Stelle mit Aufstiegsmöglichkeiten gibt, wird sie die Ihre sein. Das bedeutet nicht, dass Sie keine Konkurrenten haben werden, aber Sie werden diese Position erobern, weil Sie in der Lage sein werden, Ihre wahren Fähigkeiten zu zeigen.

Sie können auch in Immobilien, Bildung und andere Unternehmungen investieren, und auch wenn die Investitionen nur langsam vorankommen, werden Sie schließlich einen Gewinn erzielen.

Die Beziehung zu einem Partner kann sich verschlechtern, aber trotzdem werden Sie in Ihrem Geschäft vorankommen. Zu Beginn des Jahres haben Sie vielleicht einen Streit mit Ihrem Partner, oder es mangelt Ihnen an gegenseitigem Verständnis in einer Arbeitsangelegenheit. Im Laufe des Jahres werden Sie diese Missverständnisse ausräumen und Entscheidungen im Interesse des Geschäfts treffen.

In ihrem Streben nach Prestige können Drachen auf Menschen treffen, mit denen sie nicht einverstanden sind, was zu einigen Kämpfen führen wird. Der beste Ansatz ist, das Problem so schnell wie möglich zu lösen. Vermeiden Sie geistige und körperliche Erschöpfung und Zeitverschwendung.

Wenn es Ihnen in diesem Jahr gelingt, Ihre diplomatischere und reifere Seite zum Vorschein zu bringen, verspricht das Jahr 2024 viel für Sie, besonders für Drachen, die einen festen Partner haben oder nach Stabilität suchen. Wenn Sie die Herausforderungen, die sich Ihnen in den Weg stellen, meistern, werden Sie sich Ihrem Partner näher fühlen als je zuvor.

Singles treffen hier auf Gleichgesinnte und können eine dauerhafte Beziehung aufbauen.

Sie sollten auf Ihren Rachen, Ihre Lunge und Ihr Atmungssystem im Allgemeinen achten. Es wird empfohlen, verschmutzte Luft zu vermeiden.

Zu viel Stress kann zu Muskelschmerzen und Unlust auf körperliche Betätigung führen, was sich negativ auf Ihre Gesundheit auswirkt. Eine gesunde und ausgewogene Ernährung, das Trinken von Wasser und der Verzicht auf Kaffee und Alkohol werden Ihnen helfen, Ihr Idealgewicht zu halten. Sport hilft Ihnen, Ihr emotionales und körperliches Gleichgewicht zu halten.

2024 wird ein Jahr des Erfolgs sein, wenn Sie nicht jedem Vertrauen. Wenn Sie in Ihrem Job hart arbeiten und sich um die finanziellen Details kümmern, werden Ihr beruflicher

Status und Ihr Ansehen steigen. Es besteht die Möglichkeit einer Reise im Zusammenhang mit Ihrer Arbeit, und auch wenn Sie nicht gerne warten, sollten Sie in diesem Jahr geduldig und vorsichtig sein, um mit Intelligenz und Gelassenheit zu säen. Wenn Ihnen das gelingt, können Sie in Zukunft große Erfolge und Gewinne ernten.

Sie werden sich bemühen müssen, mit Ihrer Familie zu kommunizieren, insbesondere mit Ihren Kindern. Sie werden nicht damit einverstanden sein, wie sie sich verhalten oder welche Entscheidungen sie treffen. Sie werden missverstanden werden.

Schlange

Machen Sie sich bereit für das Jahr 2024, denn Ihre Ausstrahlung wird zunehmen, und Sie werden die Seele jeder Begegnung sein. Sie werden die Menschen ohne die geringste Anstrengung anziehen. Jeder wird dich einladen und mit dir zusammen sein wollen. Du wirst wissen, wie du dich bei einflussreichen Menschen bewegen kannst, und in diesem Jahr wird dein Ehrgeiz belohnt werden. Sei vorsichtig, mit wem du sprichst und mit welcher Art von Menschen du zu tun hast, sonst wirst du Fehler machen. Du wirst neue Leute kennenlernen, die dir die Türen zu neuen Umgebungen und Geschäften öffnen werden, aber auch hier gilt: Sei nicht voreilig und analysiere genau, mit wem du dich verbindest, wenn du nicht in die Netze eines Räubers geraten willst. Es wird ein fabelhaftes Jahr für Sie sein.

Ein gutes Jahr für die Liebe. Wenn du einen Partner hast, wirst du glücklich sein, aber du wirst deine Beziehung diskret analysieren. Sie werden klar erkennen, was Sie ändern müssen, um vollkommen glücklich zu sein. Sie werden sich sicher sein, ob Sie Ihre Beziehung fortsetzen oder sich trennen sollten. Wenn Sie Single sind, wollen Sie jeden erobern, den Sie können. Sie sind bereit, zu verführen, sich zu verlieben und Spaß zu haben. Es gibt niemanden, der Ihre Leidenschaft aufhalten kann.

Einige könnten die richtige Person finden und eine kostbare, enthusiastische Liebe leben. Wenn Sie einen Freund/eine Freundin haben, wird dies ein entscheidendes Jahr für Ihre Beziehung sein, denn Sie könnten erkennen, dass dies die Person Ihres Lebens ist und sich verloben oder sogar heiraten, oder Sie könnten erkennen, dass er/sie nicht der/die Richtige für Sie ist und beschließen, Schluss zu machen. Wenn dies der Fall ist, machen Sie so schnell wie möglich Schluss, blättern Sie die Seite um und werfen Sie das Buch weg. Wenn Sie das nicht tun, werden Sie in einer giftigen und unglücklichen Beziehung gefangen sein, die Sie nicht weiterbringt.

Du magst Geld sehr, du weißt, wie man es verdient, aber es geht dir leicht aus den Händen. In diesem Jahr werden sich starke Energien bewegen, und Sie müssen lernen, es zu behalten, zu reflektieren und gut zu überlegen, wie Sie es ausgeben oder investieren, bevor Sie irgendeine Art von Bewegung machen, sonst werden Sie Ihre wirtschaftliche Stabilität verlieren. Nehmen Sie keine Schulden auf, wenn Sie schon welche haben, zahlen Sie sie, investieren Sie in den Immobiliensektor. Seien Sie vorsichtig mit Ihren Ausgaben und es wird Ihnen gut gehen.

In diesem Jahr werden sich Ihnen viele Möglichkeiten bieten, aber Sie sollten sich mit Ihrer Familie beraten, bevor Sie Entscheidungen treffen. Sie könnten Ihr eigenes Haus kaufen oder ein Kind bekommen.

Wenn Sie sich um sich selbst kümmern, wird Ihre Gesundheit gut sein. Nimm nicht zu viel zu essen und zu trinken und achte auf deine Schlafzeiten. Achten Sie auf Ihren Körper, Ihr Verdauungssystem und vor allem auf Ihren Darm. Mit der richtigen Ernährung wird alles in Ordnung sein.

Wenn Sie Beschwerden beim Sehen oder Schwierigkeiten beim Scharfstellen haben, sollten Sie einen Augenarzt aufsuchen, um eine Diagnose zu erhalten. Wenn Sie es nicht schnell behandeln, könnten Sie schwere Kopfschmerzen bekommen, die Sie daran hindern, normal zu arbeiten.

Im Jahr des Holzdrachen müssen sie sich Respekt verschaffen, sich ehrenhaft zeigen und sich vor Intrigen hüten, in die sie verwickelt sein könnten. Die Schlange hat eine tiefe Menschenkenntnis, sie sieht Menschen mit schlechten Absichten kommen und weiß, wie sie mit ihnen umgehen muss.

Pferd

Obwohl 2024 ein Jahr sein wird, in dem Sie vorsichtig sein müssen, werden Sie Gelegenheiten haben, erfolgreich zu sein und Ihre Ziele zu erreichen. Sie werden einige Enttäuschungen erleben oder in Missverständnisse verwickelt sein, die Sie schlecht aussehen lassen und Sie in unnötige Schwierigkeiten bringen können. Seien Sie immer vorsichtig mit Ihren Freundschaften, denn einige könnten Sie verraten.

In Ihrem Haus werden unterschiedliche Standpunkte und Kontroversen aufkommen, die Sie am besten schnell klären sollten. Sie werden einige schöne Ausflüge mit Ihren Lieben machen. Diese Umgebungswechsel werden dir guttun, denn sie erlauben dir, dich auszuruhen, Spaß zu haben und dich auf dein Leben zu konzentrieren.

Es ist ratsam, nicht enthusiastisch zu sein, wenn es um ein Geschäft geht, denn es könnte versteckte Probleme geben, die Sie überraschen werden. Das Jahr wird voller Hindernisse sein, aber wenn Sie sie lösen, sobald sie auftauchen, werden Sie mit Ihren ursprünglichen Plänen vorankommen.

Ihr Liebesleben wird, wenn Sie einen Partner haben, viel Hingabe und Geduld erfordern. Wenn Sie keinen Partner haben und eine neue Liebe auftaucht, nehmen Sie sich die Zeit, diese Person gründlich kennen zu lernen, bevor Sie ernsthafte Entscheidungen treffen. Machen Sie sich keine Illusionen, sonst werden Sie eine große Enttäuschung erleben.

Um neue Kenntnisse zu erwerben und sich zu verbessern, sollten Sie sich Zeit für Ihre intellektuelle Entwicklung nehmen. Sie werden eine Menge Arbeit und Herausforderungen zu bewältigen haben, und Sie werden sich neuen Verantwortlichkeiten stellen müssen, aber indem Sie sich bemühen, werden Sie Ihre großen Fähigkeiten, Ihr Wissen und Ihre berufliche Solidität unter Beweis stellen. Das Ergebnis wird sein, dass Sie, obwohl es ein Jahr mit herausfordernder Arbeit sein wird, diese mit Entschlossenheit angehen und sich die Bewunderung der anderen verdienen werden.

Sie müssen auf Ihre Finanzen achten, da Sie unvorhergesehene Ausgaben haben werden, versuchen zu sparen und ein Budget haben, wenn Sie keine Probleme mit Ihren monatlichen Zahlungen haben wollen.

Es werden sich hervorragende Beschäftigungsmöglichkeiten ergeben, aber es wird ein enger Kampf zwischen Ihnen und Ihren Kollegen sein. Denken Sie daran, dass Sie ein Kämpfer sind, lassen Sie sich nicht einschüchtern.

Ihre Gesundheit wird fantastisch sein, und wenn Sie
Meditation und alles, was mit spirituellen Angelegenheiten
zu tun hat, praktizieren, werden Sie sich großartig, lebendig
und dynamisch, ruhig und ausgeglichen fühlen. Ihr Image
wird sich verändern, und Sie werden sich äußerst attraktiv
fühlen. Wenn Sie sich gesund und ausgewogen ernähren,
mit Obst und Gemüse, werden Sie eine eiserne Gesundheit
haben. Es hängt alles von Ihrer Willenskraft ab.

Bei Ihren Kindern wird es äußerst schwierig für Sie sein,
die Grenze zwischen Autorität und Disziplin zu finden, Sie
müssen auf positive Weise Respekt durchsetzen. Wenn Sie
daran denken, im Jahr 2024 Vater oder Mutter zu werden,
ist es besser, wenn Sie diese Idee aufgeben, denn im
nächsten Jahr wird es Ihnen viel besser gehen und alles
wird leicht von der Hand gehen.

Ziege

Sie sind ein sehr geselliger Mensch, und Sie werden ein unglaublich lustiges Jahr 2024 erleben, begleitet von Ihrer Familie und Ihren besten Freunden, aber Sie werden auch entspannte und ruhige Phasen durchleben, in denen Sie sich isolieren, um mit sich selbst zu sein.

Sie werden Einladungen aller Art erhalten, um Gruppen beizutreten, müssen Sie unbedingt lernen, nein zu sagen, und wenn Sie die Ausgaben zu Hause reduzieren wollen, müssen Sie Mahlzeiten, Partys und Abendessen in Restaurants einschränken. So können Sie einer Menge Geld entkommen.

In der Liebe wird 2024 ein schwieriges Jahr sein. Wenn Sie ein Paar sind, wird die Beziehung anfällig für Instabilität sein. Sie werden durch gute und schlechte Monate gehen. Sie haben sich zu sehr auf Ihre Probleme konzentriert, und Ihr Partner hat sich vielleicht traurig und verlassen gefühlt.

Sie sollten diese Situation in einem sehr ehrlichen Gespräch
klären. Die Gefühle müssen wiederhergestellt werden. Es
ist noch nicht alles verloren, aber es wird schwierig
werden.

Wenn Sie alleinstehend sind, werden Sie äußerst attraktiv
und anziehend sein. Sie könnten sporadische Partner haben,
aber was Sie glücklich machen würde, ist, Ihren
Seelenverwandten zu finden. Dies ist nicht der beste
Zeitpunkt, um sich zu binden. Seien Sie vorsichtig mit
Menschen, die sich Ihnen aus Interesse nähern könnten.

Bei der Arbeit wird es ein wenig kompliziert sein. Sie
müssen diskret sein, um Konfrontationen mit Ihren Chefs
zu vermeiden, vermeiden Sie jeden Konflikt. Sie werden
kämpfen müssen, um das zu behalten, was Sie bisher
erreicht haben. Wenn Sie einen Job suchen, schauen Sie
sich an mehreren Stellen gleichzeitig um, damit Sie
bequem wählen können.

Wenn Sie ein eigenes Unternehmen gründen wollen, sollten
Sie sich nicht blind auf Ihre Partner verlassen, sondern sich
gut beraten lassen, eine Marktstudie erstellen und alle
Unterlagen von einem Anwalt prüfen lassen.

Im Jahr 2024 sollten Sie sparsamer und vorsichtiger sein,
um nicht bankrott zu gehen. Geben Sie nicht unnötig Geld
aus, denn wenn die wirtschaftliche Instabilität Sie so nervös
macht, sollten Sie es vermeiden, in Panik zu geraten.

Sie werden in diesem Jahr Glück im Glücksspiel haben, vergessen Sie nicht zu spielen, denn das Glück kann Sie besuchen.

Ihre Gesundheit wird ein wenig geschwächt sein, aber das wird am Stress liegen. Sie werden ängstlich sein, und das wird sich auf Ihre Gesundheit auswirken. Durch die Somatisierung Ihrer nervösen Zustände könnten Sie Bauchschmerzen bekommen. Am besten ist es, sich von einem Psychologen helfen zu lassen.

Im Jahr 2024 werden Sie unglaublich viel mit Ihren häuslichen Angelegenheiten und Familienproblemen zu tun haben. Seien Sie besorgt, aber seien Sie nicht ängstlich. Lernen Sie, Probleme mit Perspektive zu sehen, alles hat eine Lösung, und Sie werden es schaffen, sie zu lösen. Darüber hinaus werden Sie gemeinsame Familienprojekte, Ausflüge und Aktivitäten haben.

Affe

Dies wird ein hervorragendes Jahr der positiven Veränderungen sein. Der Holzdrache begünstigt Sie und wird Sie zu beruflichem und persönlichem Erfolg führen. Geld wird Ihnen leicht in die Hände fallen, und Sie werden großartige Investitionen tätigen können. Seien Sie vorsichtig, Sie müssen vorsichtig sein, denn Sie werden von Menschen umgeben sein, die Sie beneiden, und Sie könnten sogar betrogen werden.

Im Jahr 2024 wird Ihr soziales Leben ständig aktiv sein, und dank Ihres beruflichen Erfolgs werden Sie zum Mittelpunkt Ihres Freundes- und Kollegenkreises.

In der Liebe werden Sie sehr guttun, dank Ihrer Anziehungskraft und beruflichen Erfolg, werden Sie das Zentrum der Aufmerksamkeit aller Augen und Kommentare zu werden. Wenn Sie ein Paar sind, wird es ein stabiles Jahr sein, voller Glück. Gemeinsam werden Sie Ihren Erfolg genießen. Wenn Sie Single sind, könnte es das Jahr Ihrer Verlobung sein.

Alle Veränderungen, die in Ihrem Bereich der Liebe eintreten werden, sind positiv, und wenn Sie allein sind, werden Sie garantiert einen Partner finden, Sie werden viele neue Menschen kennenlernen und unter ihnen wird die große Liebe sein.

Dieses Jahr wird ein Jahr der Veränderungen und Überraschungen sein. Die Stärke des Holzdrachen wird Sie dazu bringen, Veränderungen mit Selbstvertrauen und Mut zu begegnen. Wenn Sie auf der Suche nach Arbeit sind, werden Sie den Job finden, den Sie suchen. Wenn Sie bereits einen Job haben und auch wenn Sie nicht auf der Suche nach einem neuen Job sind, werden Sie mehrere Angebote finden, die es wert sind, sorgfältig analysiert zu werden.

Seien Sie äußerst vorsichtig mit Ihren Kollegen, denn sie werden neidisch auf Ihr Glück sein und könnten Ihnen das Leben schwer machen. Dieses Jahr könnten sie dich befördern, deinen Wert anerkennen oder dein Gehalt erhöhen.

Sie werden ein wirtschaftlich erfolgreiches Jahr erleben, es ist das Jahr Ihrer beruflichen Anerkennung, Sie werden das erwerbsmäßige und soziale Niveau genießen, von dem Sie geträumt haben. In diesem Jahr werden Sie sparen können, und es ist auch das Jahr, in dem Sie das Haus Ihrer Träume kaufen können. Analysieren Sie gut den Immobilienmarkt, bevor Sie sich entscheiden, und die Bedingungen des Hauses, das man Ihnen verkauft.

Sie werden ein Jahr mit guter Gesundheit und viel Energie erleben. Ihre körperliche Kraft wird Sie das ganze Jahr über begleiten. Du wirst keine Krankheiten haben, und wenn du dir etwas einfängst, wird es eine vorübergehende Erkältung sein. Sie brauchen sich keine Sorgen zu machen. Bewegung ist ratsam, und eine gesunde und ausgewogene Ernährung ist der Schlüssel zu Ihrer ausgezeichneten Gesundheit.

In Ihrem Haus werden Frieden und Harmonie herrschen. Du wirst deine Erfolge mit deiner Familie teilen, und sie wird dich zu 100 % unterstützen. Wenn Sie daran denken, ein Kind zu bekommen, ist dies das perfekte Jahr, ein weiterer Segen, der dieses Jahr 2024 mit Glück erfüllen wird.

Hahn

Sie werden große Veränderungen in Ihrem Leben erleben, es wird ein Jahr sein, in dem Sie sich unter großem Druck fühlen und wichtige Entscheidungen treffen müssen, die Ihrer Zukunft Klarheit und Sicherheit geben. Du wirst Momente der Ungewissheit haben, aber du wirst den Sprung wagen, um dich stabilisiert zu fühlen. In Ihrem Leben kann alles passieren, vom Umzug über die Trennung von Ihrem Partner bis hin zu beruflichen Veränderungen.

Die Liebe wird gut laufen, wenn du einen Partner hast, denn dein Partner wird dir helfen, dich zu stabilisieren und zu beruhigen. Es wird ein krampfhaftes Jahr sein, aber stabil in der Liebe. Der Rat ist, liebevoll und kommunikativ zu sein, aber im Falle von Meinungsverschiedenheiten sollten Sie sie sofort neutralisieren. Wenn Sie alleinstehend sind, wird es äußerst schwierig für Sie sein, einen Partner zu finden. Sie könnten sich in die falsche Person verlieben, und das wäre ein zusätzliches Problem in Ihrem Leben.

Ihr soziales Leben wird aktiv sein, aber Sie werden versuchen, weniger Exzesse zu begehen, Sie werden Ihre Freunde besser auswählen, und der Austausch von Ideen und Treffen wird die großen Partys ersetzen. Ein angenehmes Abendessen wird lohnender sein als eine Diskothek.

Sie werden viel zu tun haben, und das wird Sie nervös machen. Wenn Sie Ihr Arbeitsleben überdenken müssen, tun Sie das so schnell wie möglich. Sie werden Ihren Beruf wechseln, weil Sie bereit sind, Ihr Arbeitsleben zu ändern, wenn Sie dadurch Ihren Seelenfrieden wiedererlangen. Es wäre eine kluge Idee, einen Kurs zu besuchen, um Ihre Chancen in Ihrem Beruf zu verbessern.

In diesem Jahr 202a werden Sie versuchen, um jeden Preis Geld zu verdienen, und dazu wird es notwendig sein, den Arbeitsplatz zu wechseln, zwei Jobs zu haben oder ein eigenes Unternehmen zu gründen. Sie werden bereit sein, alles zu tun, um Ihr wirtschaftliches Niveau zu halten. Sie werden sich anstrengen müssen, aber Sie werden nicht zögern zu handeln.

Sie werden höhere Ansprüche an sich selbst stellen, aber das wird Ihnen nichts ausmachen, denn Sie werden es tun, um mehr Geld zu haben und das Leben zu leben, das Sie sich wünschen, mit Kaufkraft und der Möglichkeit zu reisen. Diese Veränderungen werden Sie zu einem sparsameren und analytischeren Menschen machen. Sie werden Ihre Ausgaben reduzieren, und Sie werden Geld für Urlaube haben.

Ihr Gesundheitszustand ist wechselhaft, und selbst wenn Sie keine Krankheit haben, sollten Sie auf sich achten, um nicht in depressive Zustände zu verfallen.

Sie sollten Sport treiben und Entspannungstechniken anwenden. Es ist wichtig, dass Sie Ihre Nerven im Griff haben und sich selbst in Ruhe und Harmonie halten. Ihre Familie wird Sie unterstützen und versuchen, Sie zu beruhigen. Sie werden sehen, dass Sie nervös sind, und werden versuchen, Ihnen zu helfen, Lösungen zu finden. Sie können bescheiden leben, aber das werden Sie nicht zulassen. Sie werden immer versuchen, das Beste für Ihre Familie zu geben.

Hund

Das Jahr 2024 wird ein unglaublich positives Jahr sein. Alles wird sich schnell bewegen. Viele Gelegenheiten werden sich ergeben, und die Ziele, die Sie im letzten Jahr nicht erreicht haben, werden Sie 2024 mit Mühe erreichen können. Bei der Arbeit werden Sie all Ihre gesammelten Erfahrungen einsetzen, die Ihnen im neuen Jahr nützlich sein werden. Wenn sich Gelegenheiten ergeben, werden Sie in der ersten Reihe stehen und in jeder Hinsicht davon profitieren.

Sie sollten sich stärker an ihrem Arbeitsplatz oder in ihrem Studium engagieren; es wird ihnen auch zugutekommen, wenn sie mehr Initiative zeigen und sich unentbehrlich machen.

Diejenigen, die auf der Suche nach einem Arbeitsplatz sind, werden, wenn sie perfekt recherchieren, die Möglichkeiten finden, die sie suchen, und sich ohne Probleme bewerben können. Sie sollten herausfinden, welcher Sektor am besten geeignet wäre. Wenn sie sich entscheiden, ein persönliches

Projekt zu entwickeln, werden sie phänomenal erfolgreich sein. Sie sollten sich die Zeit dafür nehmen, denn es wird sich lohnen, und Sie werden viel Erfolg haben und auch wirtschaftlich profitieren.

Sie haben ein ausgeprägtes soziales Leben und genießen Aktivitäten und Ausflüge mit Freunden. Es gibt Möglichkeiten zu reisen.

Sie werden in der Liebe Erfolg haben. Wenn Sie alleinstehend sind, werden Sie Gelegenheiten haben, besondere Menschen zu treffen, sich zu verlieben und eine Liebesgeschichte zu erleben. Für diejenigen, die bereits einen Partner haben, wird es ein Jahr zum Teilen sein.

Sie werden Ihre Begeisterung auf Ihre Familie übertragen, zu Hause wird Harmonie herrschen, Sie werden Gründe zum Feiern haben und sich glücklich fühlen. Verschwenden Sie Ihre Energien nicht, denn Sie werden sie im Laufe des Jahres brauchen. Versuchen Sie nicht, tausend Dinge auf einmal zu tun, planen Sie und Sie werden Zeit und Energie für alles haben.

In diesem Jahr haben sie das Potenzial zu glänzen und sich jeder Herausforderung zu stellen, aber sie müssen unglaublich vorsichtig sein, denn es könnte auch verhängnisvoll sein. Sie werden sich auf die Seite des Wohlwollens schlagen, sich überfordern wollen und mit dem Glück spielen. Dennoch kann es ein erfolgreiches Jahr werden, wenn sie alles richtig machen.

Sie werden Ihre Aufgaben perfekt erfüllen und Ihr volles Potenzial entfalten können. Halten Sie Ihren Lebensstil ausgewogen. Seien Sie nicht unhöflich zu anderen. Eile und Risiko sind negativ.

Wenn Sie daran interessiert sind, Ihr Wissen zu erweitern und neue Themen zu lernen, ist 2024 ein gutes Jahr zum Studieren. Es ist auch ein Jahr, um Erfahrungen zu sammeln und alles, was Sie gelernt haben, in die Praxis umzusetzen.

Sie sollten sich bewegen, Energie aufwenden und ein Gleichgewicht finden. Hüten Sie sich davor, verrückte Dinge zu tun, denn es ist ein Jahr, in dem Sie sich verletzen könnten.

Schwein

In diesem Jahr werden Sie Ihre Intuition nutzen müssen, um sich an die Veränderungen anzupassen, die dieses Jahr mit sich bringt. Du wirst über deine üblichen Bemühungen hinausgehen müssen, um dich zu verbessern. Du musst dein Wissen und deine Erfahrungen nutzen, um erfolgreich zu sein, und es wird ein Jahr sein, indem du dich auszeichnen und lernen kannst. Sie werden Ihr Leben und Ihre Denkweise ändern müssen, sonst werden Sie scheitern.

Es wird ein ausgezeichnetes Jahr für Gelegenheiten sein, die man nicht verpassen sollte. Du musst immer entschlossen sein und den Sprung wagen. Sie werden Ihren Wert beweisen und Ihre Ziele verfolgen können. Ihre Hobbys und die Themen, die Sie interessieren, könnten Sie weiterbringen als eine einfache Ablenkung. Sie könnten ihr Wissen erweitern, sich in unbekannte und besonders nützliche Themen vertiefen. Sie werden viele Wünsche haben, zu reisen, aber sie werden nicht genug Geld haben, um dies zu tun.

Diejenigen, die in einem Beschäftigungsverhältnis stehen, erhalten eine Gehaltserhöhung aufgrund eines

Positionswechsels mit mehr Verantwortung innerhalb derselben Stelle. Dadurch können sie ihre Berufserfahrung erweitern. Wenn sie sich für einen Stellenwechsel entscheiden oder wenn sie auf der Suche nach einer neuen Stelle sind, werden sie eine gute Gelegenheit finden.

Was das Geld betrifft, so werden sie einige größere Ausgaben haben, aber sie werden wissen, wie sie ihr Budget gut kontrollieren können. Sie werden nicht viel Geld für Urlaube übrighaben, aber sie werden einige Ausflüge machen.

Sie müssen Ihren Lebensstil ändern; die jüngsten Erfahrungen haben Ihnen gezeigt, dass die Art, wie Sie Ihr Leben führen, nicht die richtige ist. Sie müssen Ihre Ernährung umstellen, Sport treiben und sich ein Hobby suchen, das Sie glücklich macht. Das wird besonders wichtig für ihr Gleichgewicht sein.

Für Singles wird das Jahr 2024 ein bedeutendes Jahr sein. Die Liebe wird an der Oberfläche sein, und du wirst dich verlieben. Seien Sie nicht in Eile und leben Sie jeden Moment langsam, lernen Sie die andere Person nach und nach kennen. Ohne zu hetzen. Sie werden auch viele Veränderungen in Ihrem Haus und mit Ihren Familienmitgliedern erleben.

Im Allgemeinen wird 2024 ein positives, glückliches Jahr mit vielen Möglichkeiten sein, wenn Sie zu improvisieren wissen. Sie werden mehr als ein Ziel erreichen und sich in die Richtung bewegen, in die Sie gehen wollen, wenn Sie es schaffen, in Aktion zu bleiben.

Das Jahresende ist der Zeitpunkt, an dem die größten Veränderungen anstehen, was zum Teil auf Ihre ehrgeizigen Pläne zurückzuführen ist. Sie könnten umziehen oder die Möbel umstellen. Es wird verrückt sein, aber es ist deine größte Illusion.

Kombination der Tierkreiszeichen mit den chinesischen Horoskop Zeichen

Wenn man östliche und westliche Horoskope kombiniert, ist es erstaunlich, wie sehr sie miteinander verbunden und genau sind.

Chinesische und westliche Horoskope sind die am häufigsten verwendeten Horoskope. Wenn Sie die Möglichkeit haben, sie gründlich zu verstehen, wird es für Sie einfacher sein, sie zu nutzen und einen zentralen Ansatz zu haben.

Beide Horoskope basieren auf der Position der Sterne, aber im chinesischen Horoskop werden 28 Sternbilder verwendet, im westlichen Horoskop 88. Das chinesische Horoskop basiert auf 12 Tieren, die jedes Jahr regieren, und das westliche Horoskop basiert auf 12 Zeichen, die jeden Monat regieren.

Das chinesische Horoskop basiert auf dem Mondkalender und ist das älteste bis heute bekanntes Horoskop. Ihr Tierkreiszeichen stimmt mit Ihrem Zeichen im chinesischen Horoskop überein, aber das kommt nicht oft vor. Wenn das der Fall wäre, wären die Vorhersagen genauer.

 Zwischen den Zeichen beider Horoskope besteht eine Gleichwertigkeit:

Widder/Drache, Stier/Schlange, Zwillinge/Pferd,
Krebs/Ziege, Löwe/Affe, Jungfrau/Hahn, Waage/Hund,
Skorpion/Schwein, Schütze/Ratte, Steinbock/Ochse,
Wassermann/Tiger und Fische/Kaninchen.

Kombinationen

Ratte

Widder/Ratte

Die Verschmelzung dieser Zeichen führt zu einer Persönlichkeit, die ihrem Wesen nach einzigartig ist. Die Besessenheit und Leidenschaft des Widders werden durch die Vorsicht und Wahrnehmung der Ratte abgefedert.

Der Mensch mit dieser Kombination ist scharfsinnig, scharfsinnig und umgänglich. Er hat immer Strategien, um jede Situation zu lösen und wird kaum von den Hindernissen des Lebens überrascht.

Er ist kein Feigling und liebt Herausforderungen, die er mit Leichtigkeit meistert. Dieser Mensch ist bewundernswert, weil er es versteht, in jeder Situation zu improvisieren und sich dabei auf einen starken Willen zu verlassen.

Stier/Ratte

Die Mischung diese beiden Stiere/Ratte-Zeichen ist vorteilhaft, sie sind gute Freunde und haben einen Optimismus, der bis in den Himmel reicht. Sie sind sehr

ehrlich und umgänglich und zeichnen sich durch ihr
Taktgefühl in Gesprächen aus.

Die Gewissheit des Zeichens Stier in Verbindung mit der
Reizbarkeit der Ratte ist eine hervorragende Kombination,
denn sie ergibt einen einzigartigen Magnetismus. Sie sind
sehr sparsam und stehen immer mit beiden Beinen auf dem
Boden. Ihre Persönlichkeit ist enthusiastisch, und sie
wissen, wie man loyal ist.

Zwillinge /Ratte

Die Mischung dieser beiden Zeichen ergibt eine sehr
fröhliche Person, da sie Abenteuer und Risiken liebt. Sie
sind immer gerne beschäftigt und verschwenden keine Zeit
mit Belanglosigkeiten. Sie passen sich leicht an jede
Umgebung an und hassen es, allein zu sein.

Die Vitalität der Ratte kombiniert mit der Vielseitigkeit der
Zwillinge ergibt eine sehr neugierige Person. Manchmal
erreichen sie ihre Ziele nicht, weil sie zu viel Energie in
den Beginn eines Plans stecken.

Krebs/Ratte

Die Mischung diese beiden Krebse/Ratte-Zeichen ergibt
jemanden, der übermäßig sensibel ist und immer Träume
und Ziele hat. Sie sind sehr wählerisch mit ihren
Freundschaften, haben aber einen guten Sinn für Humor.

Ihr Verstand ist sehr empfindsam und scharfsinnig und sie können in jeder Situation auf subtile Weise alle Details beobachten. Mit einer solch starken Intuition entscheiden sie immer richtig. Sie wissen sehr gut, wie sie ihre Ziele erreichen können, weil sie sich nie unmögliche Ziele setzen. Obwohl sie Träumer sind, halten sie immer an ihren Ideen fest.

Löwe/Ratte

Die Mischung dieser beiden Zeichen Löwe/Ratte ergibt eine Person, die sehr egozentrisch ist und immer beweisen muss, dass sie die Beste ist. Sie lieben es, in Machtpositionen zu sein, und setzen alles daran, ihre Autorität zu demonstrieren.

Manchmal zwingt die geheimnisvolle Ratte den Löwen dazu, ein Einsiedler zu sein und zu schweigen. Dies ist eine sehr widersprüchliche Kombination. Oft ist die Ratte/Löwe-Person unglaublich berühmt, und ihre Figur bleibt nie unbemerkt. Jeder fühlt sich von ihrer Ausstrahlung angezogen und möchte dieser Person nahe sein.

Jungfrau/ Ratte

Die Mischung aus diesen beiden Zeichen ist charakteristisch für mutige Menschen, die leidenschaftlich an ihre Einfachheit glauben. Sie sind nicht ängstlich, sie sind einfühlsam, höflich und mäßig im Ausdruck ihrer Gefühle.

Sie sind sehr elegant und legen großen Wert auf ihr persönliches Erscheinungsbild. Sie sind unversöhnlich mit den Fehlern anderer und verabscheuen Menschen, die sich nicht bemühen, ihre Ziele zu erfüllen.

Waage /Ratte

Die Kombination Waage/Ratte führt zu sehr angenehmen, sanften Menschen. Ihr Verhalten ist höflich, und sie sind sehr taktvoll in ihrem Umgang mit anderen.

Du kannst ihnen vertrauen, denn sie werden dich nie im Stich lassen. Das Taktgefühl der Waage, kombiniert mit der Attraktivität der Ratte, verleiht diesen Menschen eine besondere Ausstrahlung.

Sie sind charmante Menschen, die unweigerlich die Aufmerksamkeit auf sich ziehen. Die Kommunikation mit diesen Menschen hinterlässt immer ein sehr angenehmes Gefühl. Sie sind sehr vernünftig und praktisch; mit ihrer Weisheit werden sie Ihnen die besten Ratschläge geben.

Skorpion/ Ratte

Diese Kombination führt zu Menschen, die Mut haben und Respekt einflößen. Der Skorpion ist ein sehr manipulatives und kontrollierendes Zeichen, aber mit der Weisheit der

Ratte sind sie unzerstörbar gegenüber jedem gegnerischen Feind. Sie haben ein untrügliches Gespür dafür, wer ist, sie haben einen unzerbrechlichen Willen und für sie gibt es das Wort "unmöglich" im Wörterbuch nicht.

Sie handeln immer sehr schnell, denn sie haben Entscheidungsbefugnis und verschwenden ihre Zeit nicht mit unnötigen Dingen.

Schütze/Ratte

Die Kombination Schütze/Ratte führt zu Menschen mit viel Energie und Vitalität, die es jedoch eilig haben, ihr Leben zu leben. Das sind die Menschen, für die 24 Stunden am Tag nicht ausreichen, um alle ihre Ziele zu erreichen. Sie sind immer glücklich und beschweren sich nie über irgendetwas. Die Unbeständigkeit des Schützen perfektioniert den Fleiß der Ratte und führt dazu, dass sie Routine nicht mag.

Sie sind übermäßig optimistisch und stehen fest zu ihren Ideen. Sie nutzen ihren Verstand, um ihre Probleme zu lösen und können die besten Ratschläge geben.

Steinbock/Ratte

Die Kombination Steinbock/Ratte ergibt eine Person, die ihr Ansehen zu wahren weiß und sich nie in Klatsch und Tratsch verwickelt.

Sie haben viel Würde und bemühen sich immer, den richtigen Eindruck zu machen. Die Kälte des Steinbocks gleicht den Elan der Ratte vollständig aus.

Sie sind nüchtern und wissen, wie sie ihre Gefühle kontrollieren können. Sie sind gebildet, intelligent und wissen, wie man sich in jedem sozialen Umfeld verhält.

Wassermann/Ratte

Die Kombination Wassermann/Ratte bringt Menschen hervor, die eine unglaubliche Fantasie haben und sich nie langweilen. Die Extravaganz des Wassermanns, kombiniert mit der Vorsicht der Ratte, ergibt ein sehr eigenartiges Temperament. Diese Menschen sind zwar freundlich, aber manchmal auch starrköpfig.

Sie sind ewige Liebhaber und Beschützer ihrer Freiheit, einfühlsam und mit einem hohen künstlerischen Potenzial ausgestattet.

Fische/Ratte

Diese Kombination führt zu ruhelosen und sensiblen Menschen. Die Ratte gibt ihnen die Fähigkeit, ihren Verstand rational einzusetzen, und sie lassen sich von Schwierigkeiten nicht entmutigen.

Obwohl diese Menschen manchmal Krisenmomente haben, in denen sie zerbrechlich werden, sind sie freundlich, ja

sogar zurückhaltend. Sie sind sehr aufnahmefähig und
handeln mit Vorsicht, um keine Unvorsichtigkeit zu
begehen. Sie dulden keine Faulheit und Ungerechtigkeit.

Ochse

Widder/Stier

Diese Kombination führt zu sehr starrköpfigen Menschen. Der Widder steigert sein Selbstvertrauen und schafft eine starre Persönlichkeit. Diese Menschen sind eitel und eingebildet. Sie mögen es nicht, Autoritäten zu respektieren, und manchmal ist es besser, nicht einmal eine Diskussion mit ihnen zu führen, weil sie gerne gewinnen, egal was passiert.

Sie sind entschlossene und vernünftige Menschen, sie kalkulieren jeden ihrer Schritte, weil sie ein kugelsicheres Vertrauen haben. Sie sind sehr gefühlsbetonte Wesen, deshalb sind die meisten ihrer Handlungen von den Umständen abhängig.

Stier/Ochse

Diese Mischung bringt die positivsten Eigenschaften jedes Zeichens zum Vorschein und führt zu hartnäckigen und starrköpfigen Menschen. Sie besitzen Selbstvertrauen und sind nicht kapriziös. Sie ändern nie ihre Meinung und sind nicht verräterisch, sie sind freundlich zu anderen und loyal. Man kann sagen, dass sie keine Fehler haben, außer dass sie ein wenig stur sind. Sie lassen sich von den Hindernissen des Lebens nie entmutigen, weil sie wissen, dass jeder Tag eine Gelegenheit ist, neu anzufangen.

Zwillinge/Ochse

Diese Mischung führt zu einer Person voller Vitalität und Energie, die immer glücklich ist, in dieser Welt zu sein. Sie sind fantasievoll und in der Lage, dringende Probleme zu lösen. Sie zeichnen sich durch ihre körperliche Zähigkeit aus, und für sie gibt es keine unmögliche Mission und keine Mauern, die sie nicht überwinden können. Die peinlichsten Prüfungen brechen nicht ihren Willen. Sie sind immer fröhlich, was ihnen viele Freunde einbringt, die sie für ihre gute Laune und positive Ausstrahlung schätzen.

Krebs/Ochse

Die Kombination dieser beiden Zeichen führt zu einem seltenen Temperament mit einigen Widersprüchen. Sie sind nicht entscheidungsfreudig, aber sie sind sehr ruhig. Sie tun ihr Bestes, um unbemerkt zu bleiben und ziehen es vor, das Unerwartete aus der Ferne zu beobachten, anstatt zu handeln.

Sie sind Träumer und harmlos. Sie haben eine sehr scharfe Intuition und schätzen ihre Fähigkeiten mäßig. Sie können sehr gut organisiert sein und deshalb ist ihr Leben erfolgreich.

Löwe/Ochse

Die Mischung dieser beiden Zeichen ergibt stolze Menschen, die ständig davon träumen, berühmt zu sein. Diese Menschen gehen mit Würde vor und mögen es nicht, betrogen oder hintergangen zu werden. Sie haben Prinzipien und Werte, weshalb sie die Sympathie der anderen gewinnen. Sie sind witzig und charmant, aber arrogant und egoistisch. Sie sterben stoisch, um ihren Standpunkt zu verteidigen, und finden immer einen taktvollen Weg, um zu gewinnen.

Sie kombinieren Höflichkeit mit Selbstvertrauen, um zu erreichen, was sie wollen, und umgeben sich daher mit ruhigen Menschen, die bereit sind, ihre Autorität zu akzeptieren.

Jungfrau/Ochse

Diese Kombination führt zu konzentrierten und verantwortungsbewussten Menschen.

Sie sind hartnäckig, aber gesellig und diskret zurückhaltend. Sie sind keine Feiglinge, und sie sind die Art von Menschen, die Ihnen immer in jeder Situation

helfen werden. Sie sind eitle Menschen, die es immer
schaffen, den Platz zu finden, der ihnen in diesem Leben
zusteht.

Waage/Stier

Menschen mit dieser Kombination sind weise und werden
nie eine Entscheidung treffen, wenn sie nicht alles gut
durchdacht und berechnet haben.

Sie ziehen es vor, langsam, aber mit sicheren Schritten zu
handeln. Die Stärke des Ochsen gibt der Waage
Selbstvertrauen, so dass sie angesichts von Zweifeln nicht
untergeht. Gleichzeitig versüßt die Waage dem Ochsen
seine Sturheit und seinen Wunsch, jeden zu kontrollieren.

Man sieht sie immer ruhig und sie sind sehr höflich. Sie
versuchen, es allen recht zu machen und den Bedürftigen
zu helfen.

Skorpion/Ochse

Diese Kombination ergibt unabhängige und mutige
Menschen. Sie fragen nie um Rat oder Hilfe.

Die Beharrlichkeit des Skorpions in Verbindung mit der
Furchtlosigkeit des Ochsen verleiht diesen Menschen
erstaunliche Stärke und Kraft. Das Glück begünstigt diese
Menschen, die es verstehen, jede Gelegenheit zu nutzen.

Sie haben eine starke Intuition, und obwohl sie nicht die höflichsten sind, können sie Freundlichkeit zeigen, wenn es nötig ist.

Schütze / Ochse

Menschen mit dieser Kombination sind sehr unterhaltsam und haben immer ein offenes Ohr und ein offenes Ohr für ihre Mitmenschen. Das ernste Temperament des Ochsen gleicht die abenteuerlustige Persönlichkeit des Schützen aus und bringt Menschen hervor, die nicht leichtsinnig sind. Sie sind ruhig, und ihr Selbstwertgefühl ist unveränderlich.

Sein Freundeskreis ist äußerst begrenzt, er hasst Konflikte und Skandale.

Steinbock/Ochse

Die Kombination dieser Zeichen führt zu Menschen, die von ihrem Beruf und Erfolg besessen sind. Sie können unsensibel und egoistisch sein, weil das einzige, worauf sie sich konzentrieren, ist, berühmt zu sein und Anerkennung zu bekommen. Sie sind stur, aufopferungsvoll und planen ihr Leben bis ins kleinste Detail. Sie mögen es nicht, wenn sich jemand in ihr Leben einmischt, und sie mögen es nicht, wenn man ihnen eine Meinung oder einen Rat gibt.

Sie sind so selbstbewusst, dass sie sich keine Kritik anhören, selbst wenn sie konstruktiv ist.

Wassermann/Ochse

Diese Mischung gibt Menschen mit einer optimistischen Einstellung. Sie lieben es zu reisen, und wenn man mit ihnen zusammen ist, fühlt sich alles sehr friedlich an. Sie sind ehrlich und loyal, mit einer superkreativen Phantasie. Sie bewegen sich mit Leichtigkeit durch diese Welt und ignorieren alle Hindernisse oder Probleme, die sich ihnen in den Weg stellen.

Sie gehen mit Leichtigkeit durchs Leben, ohne sich um Probleme und Schwierigkeiten zu kümmern. Sie leben in einer Fantasiewelt, und wenn sie aus der Wolke fallen, kollidieren sie mit einer manchmal unangenehmen Realität. Dennoch haben sie einen soliden Charakter und widerstehen allen Krisen mit Ehre.

Fische/Ochse

Menschen mit dieser Kombination lösen mühelos jeden Konflikt.

Obwohl sie schüchtern sind, finden sie immer die Kraft, ihre Schwächen zu überwinden. Sie sind geschickt, hilfsbereit und loyal. Ihre Freundlichkeit kennt keine Grenzen. Sie sind ehrlich zu ihren Mitmenschen und wissen nicht, wie man sich verstellt. Das bedeutet nicht, dass sie sich nicht zu verteidigen wissen; wenn du ihnen etwas antust, musst du damit rechnen, dass du die Konsequenzen tragen musst.

Tiger

Widder/Tiger

Diese Kombination ist typisch für die energiegeladensten Menschen, die es gibt. Sie ruhen sich nicht aus, selbst wenn sie schlafen, denn ihre Zeit ist in jeder Hinsicht wertvoll. Sie sind hochintelligent und ehrgeizig und finden immer einen Weg, ihre Ziele zu erreichen.

Die Stille ist ihr Feind, denn sie müssen ständig in Bewegung sein. Sie empfinden nie Angst oder Zweifel, sie gehen einfach mutig voran. Sie verstehen sich gut mit ihren Freunden und haben eine charmante und freundliche Persönlichkeit.

Stier /Tiger

Diese Kombination ergibt einen temperamentvollen Menschen, der immer versucht, seine Gefühle nicht zu zeigen. Übermäßig vorsichtig, können sie die Kontrolle verlieren, wenn mit Ungerechtigkeit konfrontiert. Obwohl Stier die starrköpfige Energie des Tigers zügelt, sollte man ihm nie seine Meinung aufdrängen. Sie sind ausgeglichen und schützen ihre Ehre mit großer Umsicht.

Zwillinge/Tiger

Diese Mischung gibt Menschen mit einer Quelle von Ideen
und Projekten, oft unerreichbar. Sie sind sehr gedankenlos,
aber sind mit großer Vitalität und Begeisterung
ausgestattet. Der Mut des Tigers schützt die Zwillinge vor
unüberlegten Entscheidungen. Sie sind furchtlose
Menschen und betrachten alles, was ihnen widerfährt, mit
Optimismus. Sie sind immer experimentierfreudig, weil sie
keine Angst vor Risiken haben. Sie verfügen über eine
unerschöpfliche Energiequelle, um alle ihre Pläne zu
verwirklichen.

Krebs/Tiger

Hier prallen Gegensätze aufeinander, Macht und Faulheit,
Mut und Zerbrechlichkeit. Dieser Kampf hat einen
außerordentlich starken Einfluss auf das Leben dieser
Menschen.

Es handelt sich um Menschen mit unberechenbarem
Temperament, die aus diesem Grund auch unter den
unbedeutendsten Schwierigkeiten erbärmlich leiden. Sie
sind unsicher und immer zögerlich, da sie sehr
zurückhaltend sind und niemanden um Rat fragen oder ihn
annehmen.

Löwe/Tiger

Diese Vereinigung ist außerordentlich stark und mächtig. Sie sind unverwundbar, sie haben vor nichts und niemandem Angst. Sie sind ehrgeizig und handeln immer mit Kühnheit und Präzision.

Sie sind umhüllend und charismatisch, sie wissen, wie man die Liebe und Freundschaft eines jeden gewinnt. Trotz ihres Stolzes zögern sie nie, freundlich zu sein.

Jungfrau/Tiger

Diese Mischung ergibt einen sensiblen Menschen, ein Modell der Vollkommenheit. Sein Verhalten ist perfekt, verursacht Faszination und Respekt. Sie können ihm vertrauen, denn wenn er Ihnen hilft, tut er es aus seinem Herzen.

Er konzentriert sich nie auf das Negative, im Gegenteil, er versucht immer, Sie mit einem höflichen Wort zu unterstützen. Er ist ein Psychologe und ein Lebenskünstler mit der Fähigkeit, das Wesentliche der Dinge zu sehen. Mit Freude weiß er immer, dass es für jedes Problem eine Lösung gibt.

Waage/Tiger

Freundliche, sanfte und höfliche Waagen/Tiger sind ausgezeichnete Gesprächspartner. In ihrer Gesellschaft zu sein ist nicht nur angenehm, sondern auch sicher. Sie werden nie mit einem unhöflichen Wort beleidigen, sie werden verstehen, trösten und sicherlich wertvolle Ratschläge geben. Der edle und starke Tiger ist der diplomatischen Waage unterlegen und neigt zu langen Überlegungen. Daher sind Menschen dieses Zeichens weniger energisch, aber nachdenklicher und ausgeglichener als die übrigen Tiger. Sie haben nicht das Bedürfnis, ihren Standpunkt durchzusetzen, sie verschwenden ihre Energie nicht für Kleinigkeiten. Aber sie sind heiter, fröhlich, sie lieben es, zu reden und sich mit schönen Dingen und netten Menschen zu umgeben. Tiger/Libellen streben in allem nach Harmonie, sie versuchen, mit sich selbst und der Welt um sie herum in Einklang zu leben.

Skorpion/Tiger

Diese Kombination gibt Individuen mit einem rebellischen und wilden Willen. Jedes dieser Zeichen ist super autark und das macht die Person entschlossen. Sie sind davon überzeugt, dass sie erfolgreich sind und positiv begrüßen jede Veränderung.

Sie sind deines Vertrauens würdig, weil sie ein Herz aus Honig besitzen. Ihre Ehrlichkeit und ihr Wunsch zu dienen, machen alle Menschen in ihrer Umgebung glücklich.

Schütze /Tiger

Diese Mischung gibt Menschen, die Angstzustände und Depressionen verabscheuen. Sie sind zu optimistisch, um sich in solche traurigen Gedanken zu verstricken. Sie haben ein Talent für die Überwindung von Schwierigkeiten und sind immer fröhlich.

Die Menschen lieben sie, weil sie sehr kontaktfreudig und freundlich sind und die Fähigkeit haben, Kritik mit Anstand anzunehmen. Nichts auf dieser Welt ändert den jugendlichen Charakter dieser Menschen.

Steinbock / Tiger

Wenn diese beiden Zeichen konjugiert sind, hat die Person eine starke Kontrolle über sich selbst. Alle Schwierigkeiten werden ruhig und intelligent gemeistert.

In seinem Verhaltenshandbuch gibt es kein Wort Verrat, er ist überaus freundlich, höflich und hilfsbereit. Er misstraut Gelegenheiten und zeigt deshalb ein schüchternes Auftreten.

Wassermann/Tiger

Diese Kombination schwitzt vor Freude, in seiner Nähe zu sein gibt viel Frieden und Glück. Er ist optimistisch, weckt Vertrauen und wird sehr geliebt. Er kommt mit dem Alleinsein zurecht und sucht nicht nach Unterstützung. Wassermann ist kreativ, hat eine unkonventionelle Mentalität.

Tigerqualitäten werden neutralisiert, wenn sie die Intellektualität der Wassermänner annehmen. Sie denken frei und streben nie nach Macht.

Fische/Tiger

Diese Menschen haben Angst vor Veränderungen, machen sich keine Sorgen und sind in der Lage, entschlossen zu handeln. Sie sind sentimental und von Natur aus großzügig, empfinden nie Neid und haben den angeborenen Wunsch, den Bedürftigen zu dienen.

Sie sind nicht naiv, deshalb werden sie nicht denen helfen, die es nicht verdient haben. Sie haben eine immense Intuition, die es ihnen erlaubt, in ihrem Handeln keine Fehler zu machen. Sie sind sehr zurückhaltend mit ihren persönlichen Problemen.

Kaninchen

Widder/ Hase

Aus dieser Kombination entsteht ein ständig aktives Individuum, das voller Energie ist und sich nicht scheut, Risiken einzugehen. Er wird von der Gefahr angezogen, kann seine Ziele ohne die Hilfe und Zustimmung anderer erreichen.

Denken Sie nie daran, sie zu ignorieren, denn sie sind zwar charmant, aber unnachgiebig.

Stier/Kaninchen

Diese Kombination ergibt einen ruhigen Menschen, der vor allem seine Bequemlichkeit schätzt. Er mischt sich nie in Dinge ein, die ihn nichts angehen, er denkt, dass jeder Herr über sein Leben und seine Probleme ist.

Sie sind von Natur aus diplomatisch und tolerant gegenüber den Unzulänglichkeiten anderer Menschen. In ihrem Leben gibt es keinen Platz für absurde Probleme und oberflächliche Sorgen. Übermäßig scharfsinnig, um ihre

Energie auf triviale Dinge zu verbringen. Die Verbindung von Stier und Hase ist eine ausgewogene Mischung aus Integrität und Sympathie.

Zwillinge/ Hase

Diese Menschen fallen in jeder Umgebung auf, weil sie einen guten Geschmack haben, weshalb sie immer eine beeindruckende Persönlichkeit ausstrahlen. Sie lieben es, bewundert zu werden, und obwohl sie nachdenklich sind, tolerieren sie keine Langeweile. Der Hase hilft dem ruhelosen Teil der Zwillinge, überstürzte Aktionen zu vermeiden. Die Kombination dieser Zeichen ist typisch für Menschen mit einem unkonventionellen Temperament. Sie kommunizieren gut und sind loyal.

Krebs/Kaninchen

Aus dieser Mischung entsteht ein weiser Mensch. Allerdings ist er instabil, stur und materialistisch. Er denkt, dass er immer Recht hat und dass jeder ihn respektieren muss. Für diese Menschen ist der einfachste Misserfolg ein Unglück, da sie daran gewöhnt sind, betrogen zu werden. Das bedeutet nicht, dass er sich selbst nicht schätzt, er weiß, wie er sich mit Mut und Hartnäckigkeit aus solchen Situationen befreien kann.

Löwe/Kaninchen

Das Glück ist in der Gunst dieser Art von Person. Die Ehrlichkeit des Kaninchens formt den Stolz des Löwen, so dass diese Mischung gibt diskrete und gebildete Menschen. Sie sind sehr korrekt, aufmerksam, haben gute Manieren und verabscheuen die Hektik und raue Umgebungen.

Sie sind kreativ, langweilen sich nie, auch wenn sie allein sind, und sind immer an neuen Projekten beteiligt. Wo immer man sie antrifft, zeichnen sie sich durch ihr Charisma und ihre magnetische Ausstrahlung aus.

Jungfrau /Kaninchen

Dies ist eine Mischung, die Menschen, die Unsicherheit schafft intensive Zustände der Angst gibt. Die Vereinigung des zarten Kaninchens und der Jungfrau ist erfolgreich, weil sie eine Harmonie und Balance aus der Serie erreicht.

Menschen mit dieser Kombination führen einen bedächtigen Lebensstil und gehen Konflikten wann immer möglich aus dem Weg. Sie sind unbeständig und sind immer mit dem zufrieden, was sie haben. Sie genießen die einfachen Dinge des Lebens, denn Perfektionisten zu sein ist für sie eine sehr unsichere Beschäftigung.

Waage /Kaninchen

Es ist schwer, dieser attraktiven Kombination zu widerstehen. Ihr höfliches Temperament und die Art und

Weise, wie sie kommunizieren, werden jeden dazu bringen, sich zu verlieben.

Sie sind nicht nachtragend und haben keine Angst, sich über sich selbst lustig zu machen. Die Diplomatie der Waage in Verbindung mit der Ausgeglichenheit des Hasen verleiht diesen Menschen noch mehr Finesse. Sie lassen sich in keinen Streit verwickeln, und wenn es doch dazu kommt, finden sie immer einen Weg, jede Schwierigkeit zu lösen.

Für sie steht die emotionale Gesundheit an erster Stelle, und alles andere ist zweitrangig.

Skorpion/Kaninchen

Dies ist eine sehr aufrichtige Kombination, die in der Regel immer angenehm ist. Gleichzeitig ist sie aber auch schwierig. Sie haben eine intensive Energie, die anzieht und verzaubert. Sie handeln immer vorsichtig und verfügen über einzigartige Fähigkeiten. Diese Menschen haben unglaublich viel Glück, alle ihre Geschäfte sind immer erfolgreich, und das macht andere oft sehr neidisch.

Schütze/ Hase

Diese Person ist ein wunderbarer Kommunikator und ein respektvoller Zuhörer. Sie sind immer höflich und denken in jeder Situation nur positiv. Sie lieben es, zu reisen, und ihr Leben ist voller interessanter Geschichten.

Die Eigenschaften des Hasen mildern den unabhängigen
Charakter des Schützen ab. Die Wirkung der Vereinigung
dieser beiden Zeichen ist hervorragend, man sagt sogar, es
sei die berühmteste und triumphalste Kombination der
zwölf Fusionen.

Steinbock / Hase

Aus dieser Kombination entsteht ein ruhiger und
ausgeglichener Mensch. Die Sturheit und Ernsthaftigkeit
des Steinbocks passen hervorragend zur Zartheit und
Unsicherheit des Hasen. Das Ergebnis ist eine Person, die
sich durch ihr unabhängiges Temperament auszeichnet.

Er ist romantisch, aber nur mit seiner Familie und
Freunden. Die Vereinigung von Steinbock und Hase
rechtfertigt sein Talent und das Potenzial für die Anpassung
in jeder Situation.

Wassermann/Kaninchen

Aus dieser Kombination entsteht ein unberechenbarer
Mensch, der sich nicht scheut, exzentrisch zu wirken. Ein
Liebhaber der Freiheit, denkt diese Person, dass es nicht
wichtig ist, die üblichen Regeln zu verbinden.

Sie haben einen ausgezeichneten Charakter, sind fröhlich
und optimistisch. Diese Kombination hat eine natürliche
Abenteuerlust, und man wird sie nie traurig oder entmutigt
sehen.

Fische/ Hase

Aus dieser Kombination gehen die sanft mutigsten Menschen hervor. Obwohl sie nach außen hin unschuldig wirken, ist dies Teil ihrer Fähigkeit, höflich zu sein, und nicht Ausdruck ihrer Seele. Diese Menschen sind intuitiv und einfühlsam, aber auch scharfsinnig, so dass niemand sie ausnutzen kann.

Diese Verbindung führt zu manipulativen Menschen, die wissen, wie man mit Schwächen umgeht.

Drache

Widder / Drache

Diese Kombination ergibt einen kräftigen Menschen. Hindernisse gibt es für ihn nicht. Das Leben hat ihn mit den Fähigkeiten einer echten Führungspersönlichkeit ausgestattet. Manchmal sind sie impulsiv und haben wenig Toleranz für die Unzulänglichkeiten der anderen.

Als Feind sind sie grausam, selbstbewusst und sehr eitel. Sie nehmen nie Rücksicht auf die Meinung anderer und streben um jeden Preis und unter allen Umständen nach Größe.

Stier/Drache

Diese Menschen sind sehr ausgeglichen. Die Ausdauer des Zeichens Stier kombiniert mit der intensiven Energie des Drachen, ist anfällig für extravagante Aktionen.

Er ist ein intelligenter, bodenständiger Mensch. Gleichzeitig ist er fröhlich und liebt es, sich mit kleinen

Aufmerksamkeiten zu verwöhnen. Allerdings
verschwendet er seine Energie nie umsonst.

Zwillinge/Drache

Diese Menschen sind energiegeladen und finden immer
Wege, ihre Fantasien zu verwirklichen. Sie sind
unglaublich glücklich, weil sie aufgrund ihrer Intuition sehr
subtil die Energien wahrnehmen, die sie umgeben.

Ein Mensch dieser Kombination zeichnet sich nicht nur
durch sein Wissen und seine Heiterkeit, sondern auch durch
seine Reife aus. Er ist eine dynamische und unglaublich
berühmte Person. Er ist mit vielen Fähigkeiten ausgestattet,
aber die wichtigste ist sein Scharfsinn.

Krebs/Drache

Dieser Mensch ist immer bereit, schätzt die Menschen und
freut sich über ihre Triumphe. Dieser Krebs ist nicht so
sensibel wie die anderen. Der Drache gibt ihm Kraft und
Selbstvertrauen.

Er hat ein ausgeglichenes Temperament und begeht keine
unüberlegten Handlungen. Er ist methodisch und ruhig und
kann entschlossen herausfordern. Er ist stur, wankelmütig
und taktlos.

Löwe/Drache

Dieser Mensch ist der geborene Leistungsträger. Scheitern und Niederlagen gibt es für ihn nicht. Er ist intelligent und zuversichtlich, deshalb löst er jedes Problem. Die Verbindung von Löwen und Drache ist eine phänomenal erfolgreiche Kombination, die der Person eine ungewöhnliche Attraktivität verleiht. Sein Leben ist erfolgreich, und er kann leicht alles erreichen, was er will.

Jungfrau/Drache

Diese Person ist stark, zieht es vor, alle Probleme zu lösen und sich nicht in Unsinn zu verlieren. Er besitzt eine grandiose Fantasie und ist ein Mensch mit einem komplexen Charakter. Er erweckt den Eindruck, ruhig zu sein, aber in Wirklichkeit träumt er von Ruhm.

Er ist ein Idealist, der mit Zuversicht nach Perfektion strebt. Kurz gesagt, er ist ein außergewöhnlicher und einzigartiger Mensch.

Waage/Drache

Der Mensch mit dieser Kombination ist diskret und intelligent. Hinter seiner charmanten Persönlichkeit verbirgt sich ein starkes Temperament. In der Kommunikation beschränkt, schützt er seine innere Welt vor äußere Neugierde. Er zeichnet sich durch seinen guten Willen aus, ist energisch und kraftvoll.

Er hat immer ein offenes Ohr für die Probleme anderer Menschen, kann aber aufgrund seines Feingefühls das Unglück anderer nicht mittragen. Obwohl er die Einsamkeit genießt, braucht er manchmal Freunde.

Skorpion/Drache

Diese Menschen leben nach ihren eigenen Überzeugungen, weil sie nicht in der Lage sind, sich an die Normen anderer anzupassen. Sie sind sehr autark, beschweren sich nicht gerne und verfluchen ihr Glück noch viel weniger.

Die Kraft des Drachenfeuers verleiht ihm Stärke, und die zähe Natur des Skorpions lässt ihn nicht aufhören zu kämpfen und zu fallen. Er hat einen sehr großen Mut, eine Person schwer zu erkennen, und unmöglich zu zähmen.

Schütze/Drache

Diese Mischung gibt der Welt fröhliche und optimistische Menschen, die das Leben zu genießen wissen. Die herausragendste Eigenschaft des Zeichens Schütze ist sein Optimismus, der Drache teilt seine Stärke mit ihm. Diese Person ist auf jede Erfahrung vorbereitet. Er ist einer der mitfühlendsten Drachen, seine Stärke kann nur Neid hervorrufen.

Er hat die Fähigkeit zu ermutigen, deshalb ist er immer von Freunden umgeben.

Steinbock/Drache

Dies ist die Person, die davon überzeugt ist, dass sie immer Erfolg haben wird. Er hat keine Angst vor Niederlagen, weil er weiß, dass Misserfolge Lektionen und Sprungbretter sind, die ihn weiterbringen.

Er ist bescheiden und würdevoll, bittet nie um Gnade, erreicht alle seine Ziele durch seine Arbeit und zeichnet sich durch seine Effizienz aus. Er vereint die Qualitäten beider Zeichen, Sachlichkeit, Mut und Verschwiegenheit. Dies ist ein natürlicher Gewinner, mit kräftiger Energie und außergewöhnlichem Charisma.

Wassermann/Drache

Diese Kombination ergibt einen außergewöhnlichen Menschen mit unvergleichlicher Kreativität. Er sucht die Freiheit, so leben zu können, wie er will, und ist ein ewiger Träumer. Es ist ganz normal für ihn, Fehler zu machen, obwohl es ihm manchmal sehr schwerfällt, seine eigenen Fehler zu erkennen. Unter dem Einfluss des Drachen erlangt der Wassermann Vernunft. Menschen mit dieser Konstellation sind für ihre Vielseitigkeit und ihre plötzlichen Charakterveränderungen bekannt.

Fische/Drache

Aus dieser Kombination geht eine zerbrechliche und wehrlose Person hervor. Es ist eine misstrauische, vorsichtige und strenge Person.

Sie zeichnen sich dadurch aus, dass sie immer Zweifel haben, aber manchmal sind sie auch zu riskanten Aktionen fähig, wenn sie sich verteidigen müssen. Es gibt viele Geheimnisse in diesen Menschen, aber ihre Haupteigenschaften sind Offenheit und Spontaneität.

Schlange

Widder / Schlange

Dies ist eine Person mit außergewöhnlicher Willenskraft. Er ist langsam und methodisch und vertraut nie auf die Meinung anderer. Seine Einstellung, umsichtig zu sein und immer zu wissen, was in jeder Situation das Beste ist, sticht hervor.

Die weise Schlange schenkt dem Widder die Gabe der Intuition und garantiert so den Erfolg. Ihre Entscheidungen sind immer präzise und zeitnah, sie erreichen mit Leichtigkeit alles, was sie planen. Sie haben eine unglaubliche Fähigkeit, das Schicksal der anderen Menschen zu beeinflussen.

Stier /Schlange

Diese Menschen erwecken den Eindruck, positive Menschen zu sein, die jedoch Zuneigung brauchen. Sie werden für ihr ausgeglichenes Temperament geliebt. Sie haben unendlich viel Geduld und erreichen deshalb immer ihre Ziele.

Die Verbindung zwischen dem strebsamen Stier und der intelligenten Schlange ist erfolgreich, es ist eine Energie, die durch Pragmatismus, Gelassenheit und Vernunft verstärkt wird.

Zwillinge/ Schlange

Es sind Menschen voller Begeisterung und Optimismus. Trotz ihrer Vielseitigkeit sind sie nicht oberflächlich, sondern neigen eher zur Abstraktion und zum Nachdenken.

Menschen dieser Kombination sind organisiert, was für das Zeichen Zwillinge nicht charakteristisch ist. Die Verbindung von Schlange und Zwillinge ist interessant, da sich diese beiden Zeichen gegenseitig verstärken. Allerdings können sie anspruchsvoll sein.

Krebs / Schlange

Diese Verbindung ergibt ein geheimnisvolles Individuum. Die Hauptbesonderheit ist seine Intuition. Er duldet keine unangenehme Kritik über sich selbst, obwohl er eine attraktive und lustige Person ist, die weiß, wie man andere zu gefallen.

Er ist hochintelligent, sensibel und korrekt, daher sind Gespräche mit ihm voller positiver Energien.

Löwe /Schlange

Diese Mischung ergibt Personen, denen es an Pragmatismus mangelt. Sie beteiligen sich aktiv am Leben anderer Menschen. Es ist eine außerordentlich starke Person, die immer übermäßige Anforderungen erfordert. Sie denken, sie sind das letzte Koks in der Wüste, deshalb sind sie immer beschweren sich bei anderen, obwohl sie es mit Takt und Diplomatie zu tun.

Er ist ein sehr geselliger, kommunikativer und höflicher Mensch, aber er verbirgt sorgfältig seine wahren Gefühle.

Jungfrau/ Schlange

Diese Kombination macht sie zu einer ruhigen Person, die anderen Vertrauen einflößt. Es ist bemerkenswert, nicht nur ihre äußere Schönheit, sondern auch ihre guten Manieren und Bildung. Sie hat eine ausgeprägte Intuition und einen methodischen Verstand. Sie nimmt sich viel Zeit zum Nachdenken, um Schlussfolgerungen ziehen zu können.

Er ist eher ein ruhiger Mensch, aber wenn er sich mitteilt, ist er interessant, da er gerne scherzt und neutrale Themen anspricht.

Waage/Schlange

Das ist der diplomatischste Mensch auf der Welt. Es ist eine berühmte Mischung, weil diese Menschen sehr ruhig und ausgeglichen sind. Sie sind sehr höflich und respektieren die Meinung anderer.

Sie brauchen keine Anerkennung von außen, weil sie sehr selbstbewusst sind. Es ist leicht, mit ihnen eine gute Beziehung zu führen, sie sehen optimistisch in die Zukunft und ziehen mit ihrem Charme alle möglichen Menschen in ihr Leben.

Sie sind jedoch nicht so unschuldig, wie es scheint, ihre Weisheit überschreitet alle Grenzen, und ihre Ansichten sind jenseitig.

Skorpion/Schlange

Diese Mischung neigt zu unvorhersehbaren Handlungen. Ihr Wille ist außerordentlich stark.

Es ist unmöglich, diese Kombination zu verwechseln, weil sie immer nach ihren eigenen Idealen handelt. Sie tut ausschließlich das, was sie für notwendig hält, und bringt dabei andere in Bedrängnis. Alle um sie herum müssen sich ihrem Willen unterordnen, und wenn sie es nicht tun, werden Sie zu ihrem Feind. Zugleich sucht sie ihren inneren Frieden.

Schütze /Schlange

Diese Kombination ist die attraktivste und geselligste unter den Schlangen. Sie ist charismatisch, aber voll von Widersprüchen. Sie ist intelligent und einfühlsam, aber auch in der Lage, unüberlegte Entscheidungen zu treffen, da sie auch emotional und impulsiv ist.

Die Menschen um ihn herum verstehen sie kaum, und sie billigen auch nicht seinen bizarren Lebensstil.

Steinbock/Schlange

Diese Person hat einen entwickelten Intellekt, ist vernünftig und hat eine erschreckende Kaltblütigkeit. Er ist gleichgültig gegenüber anderen und braucht nie ihre Unterstützung.

Sie reagiert manchmal wütend, wenn sie kritisiert wird. Sie hat einen superbegabten Verstand und kalkuliert jede Situation im Voraus. Sie ist sehr kontrolliert, sie hat nie den Luxus, dass Emotionen sie überwältigen, aber natürlich hat sie viele Schwächen, die sie zu einem gewöhnlichen Menschen machen.

Wassermann /Schlange

Dieser Mix verbringt sein Leben mit der Sehnsucht nach neuen Erfahrungen. Diese Kombination ist sympathisch, da sie eine effiziente Person mit transformatorischem Denken ist.

Sie haben herausragende Fähigkeiten und unvergleichliche
Begabungen. Das Wichtigste für sie ist, nicht wie jemand
anderes auszusehen. Sie haben eine so große Energie, dass
sie jedes Hindernis leicht überwinden.

Fische / Schlange
Wir haben es hier mit einer gemäßigten und gebildeten
Person zu tun. Sie gilt als Vorbild der Gerechtigkeit.

Die Schlange verleiht dir Seriosität, Macht und Festigkeit.
Sie zeichnet sich durch ihre Höflichkeit und Geduld aus,
aber auch durch ihre Launen und ihr Verlangen nach
Rache, wenn man ihr in die Quere kommt. Sie ist sehr
überschwänglich und möchte 24 Stunden am Tag
Leidenschaften leben.

Pferd

Widder / Pferd

Diese Menschen haben eine unbändige Energie, und sie sind sehr neugierig. Diese Kombination belebt die Eigenschaften der beiden Zeichen. Das Zeichen Widder ist stur und hartnäckig. Es ist ein Pferd mit einem unkontrollierbaren Temperament.

Dies ist eine emotionale Person, aber keine Angst vor Veränderungen, im Gegenteil, immer nutzt jeden Umstand, um drastisch verändern sein Leben.

Stier/Pferd

Diese Person kümmert sich um nichts im Leben, sondern nur darum, Leiden zu vermeiden und seinen eigenen Weg zu gehen. Er ist nicht daran interessiert, die Welt zu verändern und zu zeigen, dass er einzigartige Qualitäten hat.

Er ist ein Mensch mit starkem Temperament, weiß, was er braucht und was er vom Leben will, und plant, es mit großer Ruhe und Gelassenheit zu erreichen. Er ist stur und unnachgiebig und fürchtet nichts, weil er keine Schwächen hat. Er ist ein edler und sensibler Mensch, der mit der Rüstung der Tempelritter bekleidet ist.

Zwillinge /Pferd

Es sind schnelle Menschen, voller Ideen und Pläne. Sie zeichnen sich durch ihre unberechenbare Persönlichkeit aus, da sie leicht ihre Meinung ändern.

Sie langweilen sich nie, weil sie meist von Freunden umgeben sind. Es ist illusorisch, ihre Stimmungen zu prophezeien oder die Beweggründe für ihr Handeln zu verstehen.

Krebs/Pferd

Diese Menschen sind bescheiden, sensibel und hängen stark von den Kriterien anderer ab. Der Krebs ist von Natur aus ein zurückgezogenes Zeichen, aber unter der Herrschaft des Pferdes werden sie selbstbewusst.

Diese Menschen verfügen über eine harmonisch ausgeglichene Persönlichkeit, die ihnen Selbstbeherrschung und die Fähigkeit verleiht, die negativen Ausprägungen ihrer Natur zu beherrschen.

Löwe/Pferd

Diese Menschen stecken andere mit ihrem Optimismus an, weil sie das Leben in all seinen Erscheinungsformen lieben.

Sie wissen nicht, wie man traurig sein kann und denken in jeder Situation positiv.

Er zweifelt nie an einer Person und setzt alles daran, die Wünsche seiner Familie und Freunde zu erfüllen. Sie versuchen, logisch zu denken, schließen aber den Einfluss von Gefühlen nicht aus. Manchmal werden sie mit Rückschlägen konfrontiert, aber diese Umstände haben keinen Einfluss auf ihre Laune.

Jungfrau/Pferd

Diese Menschen sind verführerisch und positiv. Ihr Temperament ist ausgeglichen, sie sind aktiv und energiegeladen. Die Verbindung dieser beiden Zeichen ist sehr fruchtbar, weil sie diese Menschen mit Optimismus ausstattet.

Sie verstehen es, das Leben zu genießen und zeichnen sich durch ihre Freude aus. Sie sind immer bestrebt, sich weiterzuentwickeln und neues Wissen zu erwerben. Sie sind in der Regel erfolgreich, wo immer sie hingehen.

Waage/Pferd

Diese Kombination ergibt fröhliche Menschen mit einem sehr umgänglichen Temperament. Sie sind nicht gerne allein und finden leicht Freunde. Sie haben viel Selbstbeherrschung; ihre Mentalität ist sehr entwickelt und andere Menschen verzeihen ihnen leicht. Wenn sie ihre negative Seite zeigen, können sie narzisstisch sein oder schlechte Laune haben.

Skorpion/Pferd

Es ist äußerst schwierig, mit diesem Menschen umzugehen, weil er starrköpfig ist. Er ist ein enthusiastischer Mensch, der keine Angst vor Konflikten hat und sehr selbstbewusst ist. Manchmal ist er sehr egoistisch und verhält sich wie ein Kind, wenn er ein Spielzeug nicht bekommt.

Sie nehmen den Schmerz der anderen wahr und neigen dazu, sie zu meiden, wenn diese Menschen ihnen nahestehen.

Schütze/Pferd

Dieser Mensch hat eine einzigartige Naivität, er ist unglaublich glücklich und genießt jeden Augenblick. Er lebt im Hier und Jetzt.

Er ist übermäßig optimistisch und ein Träumer. Er verabscheut Langeweile, er ist wie ein Kind, das ausdauernd und inkognito alles lernen will. In seinem Leben kann es nichts Unveränderliches geben, alles muss sich in einem Kreislauf der Veränderung entfalten, sei es eine Veränderung des Familienstandes, der Arbeit oder der Wohnung.

Steinbock/Pferd

Diese Menschen sind realistisch und furchtlos. Diese Menschen planen ihre Zukunft sorgfältig, sie sind zäh, haben ein hohes Kreativitätspotenzial und denken viel nach.

Sie erreichen alles, was sie sich vorgenommen haben, und ihre gesellige Art ist in ihrem Familienkreis sehr einflussreich. Er ist aufgeschlossen, und die Leute erzählen ihm ihre Probleme, weil sie immer einen angemessenen Rat erhalten.

Wassermann/Pferd

Dieser Mensch ist ausdauernd und zum Erfolg geboren. Er ist sehr neugierig und kann Faulheit nicht ausstehen. Sein Leben ist in ständiger Veränderung und aus diesem Grund wird er manchmal ein wenig wütend. Das unberechenbare Pferd unterstreicht Wassermann-Eigenschaften wie Freude und Unruhe. Diese Menschen sind immer in Eile und haben Angst, dass ihnen die Zeit davonläuft und sie nicht alles zu Ende bringen können, was sie sich vorgenommen haben. Er ist fest von seinem Sieg überzeugt; er zeichnet sich durch seine Fantasie aus.

Fische/Pferd

Diese Menschen sind unkompliziert und gewinnen leicht die Sympathie aller, denen sie begegnen. Sie sind für ihren freundlichen Charakter bekannt und finden leicht Freunde.

Sie sind lustig und können sich in den Schmerz anderer einfühlen. Sie sind immer bereit, jeden zu unterstützen, auch diejenigen, die sie nicht kennen.

Ziege

Widder/ Ziege

Dieser Mensch ist stark und entschlossen. Er ist stur und kümmert sich nicht viel um die Probleme anderer Menschen. Er ist ehrgeizig und strebt beharrlich nach Erfolg.

Menschen mit dieser Kombination sind immer aktiv, tun etwas oder warten auf etwas. Es ist überaus freundlich und weigert sich, an menschliche Bosheit zu glauben.

Stier / Ziege

Diese Menschen zeichnen sich durch ihre heitere Einstellung aus. Von Zeit zu Zeit treten sie zurück, um in Ruhe über wichtige Probleme nachzudenken. Sie können die Aufregung nicht ertragen, handeln mit Umsicht und Bedacht.

Sie lösen jeden Konflikt durch Nachdenken, um unnötige Verluste zu vermeiden. Sie geben kein Geld aus, ohne zweimal darüber nachzudenken und haben eine sehr hohe Intelligenz und Intuition.

Zwillinge/ Ziege

Diese Menschen sind umgänglich und bestechen durch ihre unermüdliche Fröhlichkeit. Sie bevorzugen eine familiäre Atmosphäre, fernab von Hektik und Trubel und verabscheuen klatschsüchtige Menschen.

Man kann ihnen vertrauen, denn sie sind ehrlich und wissen nicht, wie man lügt und betrügt. Sie sind intelligent und versuchen, in jedem Projekt erfolgreich zu sein. Sie sind nicht anfällig für Verschwendung, aber sie helfen ihren Verwandten finanziell und mit Rat.

Krebs/ Ziege

Er ist ein freundlicher, entgegenkommender Mensch. Er geht Konflikten immer aus dem Weg und ist sehr geschickt darin, seine Unzufriedenheit zu verbergen. Er ist verletzlich, aber trotz seiner geistigen Schwäche übermäßig vorsichtig.

Er schützt seinen persönlichen Raum sorgfältig, sein Zuhause ist sein Heiligtum, und dorthin zieht er sich zurück, wenn er in Schwierigkeiten ist. Er ist bekannt für seine Fähigkeit, aufrichtig, aber freundlich zu reagieren.

Löwe / Ziege

Diese Menschen stehen gerne im Mittelpunkt der Aufmerksamkeit, sind bewundernswert und haben Weisheit.

Wenn sie arbeiten, dann immer mit dem Ziel, ein hohes Ziel zu erreichen. Ihre Klugheit und ihr Scharfsinn helfen ihnen, Fehler zu vermeiden, und in Notfällen können sie auf unglaublich kluge Strategien zurückgreifen. Sie mögen Luxus und wissen, wie man mit Eleganz lebt.

Jungfrau/ Ziege

Er ist ein sehr vernünftiger Mensch. Er kann logisch denken und ist pragmatisch im Geschäftsleben.

Sie sind rational, können aber auch launisch und unbeständig sein. Sie lieben es, Kommentare abzugeben und Ratschläge zu erteilen, und sie haben ein angeborenes Talent, jeden Fehler zu erkennen, so dass sie ihre Handlungen und die ihrer Kollegen bis ins Detail überwachen. Die Menschen in ihrem Umfeld bewundern ihre Bemühungen und behandeln sie mit Respekt. Diese Menschen haben normalerweise keine Feinde.

Waage/ Ziege

Diese Menschen sind sehr gesellig und freundlich zu anderen. Sie haben viele verborgene Talente, aber sie neigen zu den Künsten. Sie mögen luxuriöse Dinge und werden gerne von eleganten Menschen begleitet. Sie versuchen, ein vernünftiges Gleichgewicht zu halten und nicht in Niedertracht zu verfallen. Sie können ihre Verantwortung für andere tragen. Sie passen sich leicht an Veränderungen an und nehmen jede Veränderung positiv wahr.

Skorpion/ Ziege

Diese Menschen haben eine außergewöhnliche Intuition, sie erkennen leicht falsche Menschen, und es ist unmöglich, sie zu belügen. Sie sind loyale Menschen,

Sie sind nicht gemein, sie versuchen tapfer zu sein, und gleichzeitig haben sie Zweifel und werden von ihrer

Zahlungsunfähigkeit gequält. So vorsichtig bewachen ihre Geheimnisse so sorgfältig, dass niemand in die Tiefen ihrer Seele eindringen kann.

Schütze/ Ziege

Dies ist die Person, die immer auf dem neuesten Stand der Entwicklung ist. Er ist einfühlsam und ehrgeizig bei allem Neuen. Er denkt unkonventionell und überrascht andere manchmal mit seinen unvorhergesehenen Aktionen.

Sie weichen Hindernissen geschickt aus, haben immer einen Plan B parat, denn ihre kluge Mentalität hilft ihnen in kniffligen Situationen. Sie mögen es nicht, sich zusätzliche Verpflichtungen aufzuerlegen, und manchmal sind sie gute Ratgeber.

Steinbock / Ziege

Dies ist eine Mischung, bei der Beharrlichkeit ein Synonym für diese Menschen ist. Sie haben keine Angst vor irgendetwas und geben niemals auf, selbst wenn es ernst wird. Es ist unwahrscheinlich, dass diese Menschen aufgeben, und sie planen und berechnen alles bis ins Detail.

Sie sind nie beleidigt, wenn sie kritisiert werden, und verstehen es, Menschen mit schlechtem Charakter zu beschwichtigen. Sie verteidigen die Wahrheit bis zur letzten Konsequenz, auch wenn sie ihren Interessen zuwiderläuft.

Wassermann / Ziege

Diese Menschen sind absolut auf ihre Gefühle fokussiert, sie sind ehrlich, sie sind redegewandt und können ihre Meinung jedem mitteilen.

Er ist ein emotionaler Mensch, der Schönheit sehr leicht empfindet. Er hat nie vorgehabt, Fremde in sein Privatleben zu lassen, weil es für ihn viel angenehmer ist, gute Beziehungen zu pflegen und nicht an jedem zu hängen. Er liebt es, mit seinen Verwandten zu teilen. Er plant sein allgemeines Budget vernünftig, ist nicht gierig und gibt kein Geld für Unsinn aus.

Fische / Ziege

Menschen mit dieser Kombination haben einen ruhigen Charakter. Sie schätzen Komfort, lieben ihr Zuhause und sind sehr mit ihren Familienmitgliedern verbunden. Manchmal idealisieren sie ihre Freunde, erwarten Verständnis und Hilfe von ihnen in schwierigen Zeiten. Sie dulden keine Lügen und keinen Verrat. Sie haben einen ausgeprägten Sinn für Gerechtigkeit und lehnen Grausamkeiten strikt ab. Sie verbinden erfolgreich Geschäft und Vergnügen.

Affe

Widder /Affe

Menschen mit diesen Zeichen sind überzeugend. Diese Menschen lachen gerne. Sie erkunden die Welt mit Enthusiasmus und Freude und sind sehr wissbegierig.

Sie sind nicht verantwortungsbewusst und vorsichtig im Geschäftsleben, aber da sie so aktiv sind, haben sie normalerweise Erfolg. Sie sind von ihren Fähigkeiten überzeugt, aber wenn sie versagen, werden sie wütend auf alle, auch auf sich selbst. Die schlimmste Demütigung ist für sie, zurückgelassen zu werden. Sie hören nicht auf die Kritik anderer, sind aber empfänglich für sie.

Stier/ Affe

Dies ist eine Kombination von Kraft. Menschen mit diesen Zeichen sind kontaktfreudig und besitzen einen unendlichen Optimismus. Sie sind jemand, dem man vertrauen kann; in jeder Situation behalten sie ihren positiven Geist.

Sie machen sich keine Sorgen um Geld und sind nicht an Spekulationen interessiert. Sie sind geschäftlich erfolgreich und müssen sich nicht so sehr anstrengen wie die anderen Zeichen. Sie stellen die Interessen der Menschen, die Sie lieben, immer an erste Stelle und opfern sich für sie auf.

Zwillinge /Affe

Diese Zeichenkombination ergibt impulsive und ruhelose Menschen. Sie können sehr leicht mit ihnen zu kommunizieren, und Emotionen nie in die Quere kommen, das Richtige zu tun.

Sie sind enthusiastisch und haben einen starken Wunsch, voranzukommen. Sie kennen die Techniken, um ihre Feinde zu besiegen. Sie können lange Zeit unter Druck stehen und der Einfluss des Zeichens Zwilling macht sie zu einer vielseitigen Person.

Krebs /Affe

Diese Menschen haben einen scharfen Verstand. Sie besitzen eine rätselhafte Persönlichkeit, haben aber die Fähigkeit, tief zu fühlen. Diese Menschen zeichnen sich dadurch aus, dass sie von ihren Gefühlen erstickt werden und auf ihre Intuition hören. Sie sind ein wenig schüchtern, aber gleichzeitig unersättlich und selbstbewusst. Sie sind misstrauisch, wenn sie eine Liebesbeziehung eingehen müssen, da sie Angst haben, verletzt zu werden. Sie sind

unbeständig in ihrem Temperament und haben deshalb nie
klare Vorstellungen, wie sie ihr Leben in Ordnung halten
sollen.

Löwe/ Affe

Diese Person ist sehr aufnahmefähig. Sie sind
Führungspersönlichkeiten par excellence; sie wissen, wo
sie hinwollen, und für dieses Ziel setzen sie ihr ganzes
Engagement ein.

Sie haben keine Angst vor Hindernissen, sondern werden
durch sie gestärkt. Sie sind idealistisch und einfühlsam. Sie
können in ihren Ansichten ein wenig stur sein, bewahren
sich aber immer eine bedingungslose Aufrichtigkeit. Sie
fühlen sich von Luxus und Macht angezogen. Sie können
Fallen benutzen, um ihre Feinde zu blamieren. Sie können
auch arrogante Verhaltensweisen annehmen.

Jungfrau/ Affe

Dies ist eine komplexe Kombination. Sie handeln
diplomatisch und ohne Vorbehalte. Sie sind sehr diskret,
aber lustig. Sie genießen es, anderen Menschen bei der
Lösung ihrer Probleme zu helfen.

Sie sind charmant, lernen gerne und können die
kompliziertesten Zusammenhänge analysieren. Sie sind so
aufmerksam und intuitiv, dass sie alle Seiten einer
Angelegenheit sehen können. Sie sind praktisch veranlagt,

willensstark und scharfsinnig und suchen immer nach dem Besten. Sie verfügen über die Gabe der Klugheit.

Waage /Affe

Diese Menschen haben ein großes Herz. Sie engagieren sich für die Probleme anderer, weil sie sie spüren. Sie verabscheuen Ungerechtigkeit und sind sehr kontaktfreudig. Sie dulden keine Grausamkeiten; sie sind sehr diplomatisch gegenüber Feindseligkeiten. Sie arbeiten gerne im Team, sie sind neugierig, eine Tugend, die, wenn sie sie nutzen, um neue Dinge zu entdecken, von Vorteil ist, die aber auch zum Nachteil werden kann, wenn sie sie dazu bringt, sich in die Angelegenheiten anderer einzumischen. Sie machen nie falsche Schritte, weil sie nie die Eleganz verlieren. Sie sind eine Mischung aus Exquisit Heit und Dynamik.

Skorpion/ Affe

Dies sind die Zeichen der vielseitigen Menschen. Sie sind Menschen mit hellseherischen Fähigkeiten, sie sind geheimnisvoll und unabhängig. Normalerweise mögen sie es, einen Schutzschild zu schaffen, um ihre Gefühle zu schützen.

Sie sind Bohemiens, und obwohl sie von der Welt losgelöst sind, urteilen sie mit ihrer kritischen Mentalität. Sie sind mächtig, ihre Willenskraft ist unglaublich, aber sie werden

leicht von den Bedingungen um sie herum in
Mitleidenschaft gezogen. Sie wissen nicht, wie sie ihren
Mund halten sollen und werden übermäßig kritisch. Sie
sind gut befreundet mit Menschen, die sie für respektabel
halten.

Schütze/ Affe

Diese Kombination ist typisch für vielseitige und
abenteuerlustige Menschen. Ihr Geist ist immer offen für
neue Erfahrungen.

Sie sind verlässlich und immer bereit, für eine gute Sache
zu kämpfen, auch wenn es sie das Leben kostet. Sie lieben
es, Projekte zu starten und neue Dinge zu lernen. Sie sind
besonders gute Organisatoren und großzügig. Sie haben ein
großes Temperament, das sich in schwierigen Situationen
zeigt.

Steinbock /Affe

Die Kombination dieser Zeichen ergibt
verantwortungsbewusste Menschen, die bereit sind, ihre
Ziele mit Ausdauer zu erreichen.

Sie sind faire Menschen, aber ihre Persönlichkeit ist
manchmal introvertiert und ein wenig unsicher. Sie sind
Menschen, denen man vertrauen kann; sie sind sehr
respektvoll. Sie sind ausgezeichnet in der Verwaltung und
in allem, was mit Wirtschaft zu tun hat. Es fällt ihnen

manchmal sehr schwer, ihre Gefühle auszudrücken, aber
wenn sie sich hingeben, sind sie begeistert von Intimität.

Wassermann/ Affe

Menschen mit dieser Kombination sind berühmt für ihre
Fantasien. Sie sind superoriginell und aufrichtig.

Großzügig und unabhängig, ist es für sie wichtig, Freunde
zu finden, obwohl ihr Freundeskreis groß und unbeständig
ist. Sie sind kontaktfreudig und ihre Priorität ist es, sich mit
ihren Freunden zu beschäftigen und Spaß zu haben. Sie
sind mitfühlend, und wenn sie etwas geben, tun sie es
selbstlos. Sie glänzen in der Regel in jedem Beruf, der
ihnen die Möglichkeit gibt, ihre Talente zu nutzen.

Fische /Affe

Diese Kombination ist sehr an sozialen Problemen
interessiert, aber sie hassen es, beurteilt zu werden, und es
ist eine große Beleidigung, wenn jemand sie kritisiert. Sie
sind nie schlecht gelaunt, und wenn dies der Fall ist, zeigen
sie es nicht. Sie behandeln jeden gut, verbringen gerne Zeit
mit ihren Freunden und sind gesellig. Sie sind die perfekten
Menschen, wenn es darum geht, ein geselliges
Beisammensein zu planen, und sie sind immer bereit, sich
zu amüsieren.

Sie sind transparent und glauben nicht an das Böse im
Menschen. Es fällt den Menschen leicht, ihnen zu
vertrauen.

Hahn

Widder / Hahn

Diese Menschen sind entschlossen und hartnäckig. Sie davon zu überzeugen, ihre Meinung zu ändern, kann zu einer unmöglichen Aufgabe werden.

Sie sind selbständig und können ihr Leben geschickt lenken. Manchmal sind sie sehr stur, wenn es darum geht, eine Einigung zu erzielen, wenn sie unterschiedliche Standpunkte haben. Wenn sie sich verlieben, sind sie treu und eifersüchtig und wollen die ganze Aufmerksamkeit bekommen. Ihre Gefühlsausbrüche sind beschleunigt und intensiv. Wenn andere Menschen in Schwierigkeiten sind, sind sie die ersten, die ihre Hilfe anbieten.

Stier /Hahn

Diese Kombination verleiht den Menschen Mäßigung. Ihr Temperament ist außerordentlich stark und vielseitig.

Sie zeichnen sich durch ihre Fähigkeit aus, auf jede Situation zu reagieren, in der das Umfeld chaotisch ist. Sie sind praktisch, entschlossen und haben eine große

Willenskraft. Sie sind stabil und immer loyal gegenüber
einer vertrauenswürdigen Führungsperson. Sie lieben die
Ruhe und respektieren die Regeln. Sie vermeiden Schulden
und zögern, sich zu verändern. Sie lieben Luxus und
leckeres Essen.

Zwillinge/Hahn

Diese Menschen sind frei und mögen es, Gefühle offen
auszudrücken. Sie haben keine Angst, anders zu sein, mit
der Familie ist moderat.

Sie sind sinnlich und treu, gute Eltern und neigen dazu,
besitzergreifend zu sein. Sie sind unternehmungslustig und
erfolgreich in Berufen, die mit Finanzen zu tun haben.
Manchmal nutzen sie ihre Qualitäten aus, um ihre eigenen
Ziele zu erreichen, und können zur Lüge greifen, ohne ihre
Anmut zu verlieren, um zu bekommen, was sie wollen. Sie
sind leicht zu entmutigen, wenn sie kein Lob erhalten.

Krebs /Hahn

Ein Mensch mit diesen Zeichen wird gerne gelobt. Seine
Intuition ist so entwickelt, dass sie ihm erlaubt, die
emotionalen Zustände anderer Menschen zu verstehen. Es
ist eine selbstbewusste Person, kommunikativ, und es ist
interessant, mit ihm zu sprechen. Sie sind vorsichtig, wenn
es notwendig ist, und können sich aufgrund ihrer großen
Vorstellungskraft mit anderen identifizieren. Sie sind eitel

und versuchen, ihr Leben nach einem fantastischen Ideal zu gestalten. Sie neigen zur Unordnung und lassen sich gerne schmeicheln. Sie haben ein ausgezeichnetes Gedächtnis und Erfolg als Verwalter.

Löwe/Hahn

Diese beiden Zeichen zusammen ergeben eine charmante Person, die jedoch ein unkonventionelles Temperament hat. Sie zögern nie, wenn eine Entscheidung getroffen werden muss, und wenn sie zögern, merkt das niemand.

Sie sind unabhängig und berechnend, Eigenschaften, die ihnen immer helfen, das zu erreichen, was sie sich vorgenommen haben. Sie wissen, wie sie jedes Hindernis ohne Angst überwinden können. Ihr Selbstvertrauen führt sie manchmal zu Sturheit und zeigt ihre schlechte Laune, Macht und Arroganz. Stolz kann sie in bestimmten Momenten beherrschen und sogar eine naive Haltung zeigen, die es ihnen nicht erlaubt, vernünftig zu denken.

Jungfrau/Hahn

Diese Mischung ergibt intelligente, verlässliche und ehrliche Menschen. Sie verhalten sich höflich und können jedes Gesprächsthema haben. Sie haben eine außerordentlich starke Intuition, und ihre Meinungen sind nie voreingenommen.

Er ist kontaktfreudig, versteht die Gefühle der anderen und ist wortgewandt. Manchmal sind sie zu geschwätzig, aber sie wissen, wie sie rechtzeitig aufhören können. Sie sind scharfsinnig und wissen daher, wie sie ihre Meinung äußern können. Sie neigen dazu, Kritik zu üben, was andere sehr kränken kann.

Waage / Hahn

Diese Zeichenmischung wird von Menschen beherrscht, die sich nie über Kleinigkeiten aufregen. Sie sind freundliche und ruhige Menschen. Die Verschmelzung von Hahn und Waage schafft eine ausgeglichene Persönlichkeit. Diese Kombination ist perfekt, denn diese Menschen haben eine große Verführungskraft und sind charmant.

Sie hören nie auf, bis sie das ideale Ergebnis erreicht haben. Sie geben ein positives Bild ab, kommunizieren mit allen Arten von Menschen und passen sich an jede Situation an.

Skorpion/Hahn

Die Person mit diesen Zeichen ist eine Führungspersönlichkeit par excellence. Sie können die Schwächen anderer erkennen, kritisieren sie aber nicht, weil sie wissen, dass niemand perfekt ist. Diese Person hat manchmal einen komplizierten und schwer zu verstehenden Charakter, weil sie auch manchmal ungeheuer stolz und gierig sind. Sexuelle Beziehungen können ihre Schwäche sein, sie haben viele Partner in ihrem Leben. Sie sind ehrlich zu ihren Partnern, wenn die Liebe anhält.

Schütze/Hahn

Diese beiden Zeichen zusammengenommen ergeben eine Person, die das Leben der Party und die beste Gesellschaft ist. Sie lieben es, im Mittelpunkt der Aufmerksamkeit zu stehen, aber sie sind ruhig und wortgewandt. Sie sind ehrlich, und obwohl sie friedlich sind, mischen sie sich oft in Konflikte ein, handeln aber nie böswillig.

Dies ist die Person, die Optimismus ausstrahlt, sich zu entschuldigen weiß, wenn sie sich geirrt hat, und ihre Familie über alles liebt.

Steinbock / Hahn

Wenn sich diese beiden Zeichen treffen, ist die Person gesprächig, aber nicht über triviale Dinge. Sie sind maßvoll in ihrem Handeln, weil sie niemandem schaden wollen. Ihre Sturheit erlaubt es ihnen manchmal nicht, ihre Fehler zu erkennen, und sie sind nicht bereit, Kompromisse einzugehen. Ihre Geduld ist unendlich und ihr Wille unzerbrechlich, was es ihnen ermöglicht, entschlossen zu handeln. Unter diesem Schild der Gelassenheit verbirgt sich ihre Sensibilität. Sie verstehen es, mit Leichtigkeit zu überzeugen, und mit ihrer Ausstrahlung ist es äußerst schwierig, ihnen keine Aufmerksamkeit zu schenken.

Wassermann/Hahn

Diese Kombination ist typisch für exzentrische und freizügige Menschen. Ihre Persönlichkeit ist unwiderstehlich und ihre Ausstrahlung faszinierend. Sie haben keine Angst, Träumer zu sein, weil sie davon überzeugt sind, dass ihre Ideen die besten sind, sie sind immer an innovativen Projekten beteiligt und ehrgeizig.

Sie sind gute Freunde, rücksichtsvoll, und anderen zu helfen, hat für sie Priorität. Obwohl sie sich nur selten in die Probleme anderer Menschen einmischen, gehen sie bei Ungerechtigkeiten hinaus, um die Schwächsten zu verteidigen, selbst wenn sie dabei ihr Leben riskieren müssen.

Fische /Hahn

Diese Fusion bringt Menschen hervor, die die Schönheit in allem sehen, sie sind Individuen, die so ehrlich sind, dass sie gegen sich selbst gehen. In ihren Worten steckt Musik, denn sie sind gebildet, sie sind mutig, wenn es darum geht, die Wahrheit zu sagen, obwohl sie sich mit viel Taktgefühl ausdrücken.

Sie sind Kämpfer und wissen, wie sie einen strategischen Plan entwickeln, um ihre Ziele zu erreichen. Sie sind sehr empfänglich für den Schmerz anderer Menschen und verstehen die Gefühle anderer.

Hund

Widder / Hund

Menschen mit dieser Zeichenkombination sind ruhelos. Sie sind Vorreiter der Gerechtigkeit und können sich immer für andere aufopfern. Sie sind sehr anständig, haben ein hohes berufliches Niveau und verhalten sich ehrlich gegenüber ihren Freunden.

Diese Menschen haben ein gutes Herz, ihr Verstand ist sehr misstrauisch, und ihre Intuition erlaubt es ihnen zu erkennen, wenn jemand sie betrügt. Sie verabscheuen heuchlerische Menschen und lassen sich nie auf Klatsch und Tratsch ein.

Stier /Hund

Die Mischung dieser beiden Zeichen ergibt zuverlässige und würdevolle Menschen. Sie sind sehr verantwortungsbewusst und edel. Sie mögen es, die positive Seite aller Umstände zu sehen, und projizieren Vertrauen und Freundlichkeit.

Sie sind sehr geduldig, skrupellos und haben hohe moralische Werte. Sie wissen, wie man zuhört und drängen nie ihre Meinung auf. Sie sind hartnäckig und eigensinnig, und das Konkrete ist ein Werkzeug, das sie immer wieder einsetzen, um voranzukommen.

Zwillinge/Hund

Ein ausgeglichener Mensch ist das Ergebnis der Vereinigung dieser beiden Energien. Manchmal sind sie ruhelos und es fehlt ihnen an emotionaler Intelligenz, weil sie zu unberechenbarem Verhalten neigen.

Sie haben ein hochentwickeltes Temperament, das sie dazu bringt, übereilte Entscheidungen zu treffen und die Menschen um sie herum zu enttäuschen. Sie sind leicht beleidigt, obwohl sie gesellig sind und einen brüderlichen Charakter haben. Sie unterstützen nicht die Routine; sie sind neugierig und aktiv.

Krebs/Hund

Menschen mit diesen Zeichen sind zurückhaltend. Sie haben eine doppelte Persönlichkeit, denn sie sind sehr beschützend gegenüber ihrer Umgebung. Sie leben ihr Leben mit großer Leidenschaft und genießen ihre Familie, die sie immer beschützen. Sie neigen dazu, sich von Versuchungen hinreißen zu lassen, sind nachsichtig mit sich selbst und neigen manchmal dazu, faul und provokativ zu sein.

Sie lassen sich leicht manipulieren und müssen deshalb ihre Zweifel unterdrücken und ihre Gefühle absondern.

Löwe/Hund

Diese Menschen sind stolz und selbstbewusst. Sie zweifeln nie an sich selbst und sind mutig. Sie genießen es, im Mittelpunkt der Aufmerksamkeit zu stehen, sie sind Anführer und haben gerne alles unter Kontrolle. Sie sind gegen Ungerechtigkeit, ihre Persönlichkeit ist anziehend, und sie inspirieren andere mit ihrem Handeln, weil sie viel Mut haben.

Sie äußern ihre Meinung frei, sie sind realistisch und beschützend. Wenn sie betrogen werden, entfernen sie sich, hegen Groll und vermeiden die Nähe zu anderen.

Jungfrau /Hund

Eine Kombination, die tadellose Personen mit eiserner Resistenz hervorbringt. Sie sind sanft und praktisch; sie nie Fehler machen, wenn die Entscheidung, weil sie alle Vormund Nachteile analysiert haben. Sie sind anspruchsvoll mit ihren Freunden, sie wählen Menschen mit hohen Werten, und die ehrlich sind. Die Möglichkeit, zurückgewiesen zu werden, macht ihnen Angst, und dieses Gefühl hindert sie daran, sich ganz einer Beziehung hinzugeben. Sie erfinden oft Dramen, um die Leere zu füllen, wenn das Leben langweilig wird.

Waage/Hund

Diese Kombination ergibt freundliche Menschen, die in der Lage sind, ihre Interessen für das Gemeinwohl zu opfern. Sie brauchen ein Gleichgewicht in allen Bereichen ihres Lebens, um sich sicher zu fühlen. Sie sind ihr eigener schlimmster Gegner, da sie dieses Gleichgewicht durch das Provozieren extremer Situationen bewerten. Sie sind scharfsinnig und aufmerksam gegenüber anderen. Sie können sich konzentrieren, was sie aber nicht davon abhält, rücksichtslose Handlungen zu begehen.

Sie hören selten auf Ratschläge, sind vielseitig interessiert und haben einen ausgeprägten Sinn für Wettbewerb, was sie zu ausgezeichneten Kreativköpfen macht.

Skorpion/Hund

Diese Mischung ergibt eine arrogante Person. Wirklich tief im Inneren sind sie übermäßig sensibel und mitfühlend, aber sie zeigen es nicht, weil das ihr Schutzmechanismus ist. Sie sind Mystiker, mit einer gut entwickelten Intuition und einem vorsichtigen Sinn für Kommunikation.

Sie sind höflich, treu und möchten das Leben in vollen Zügen genießen, ohne zu viel nachzudenken. Sie sind charismatisch und entschlossen.

Schütze/Hund

Dies ist eine Person, die es nie duldet, allein zu sein. Sie sind optimistisch und sagen ihre Meinung ohne Hemmungen. Durch die positive Energie, die sie ausstrahlen, ziehen sie immer andere in ihr Leben, und deshalb wächst ihr Freundeskreis täglich.

Auf sie können Sie sich verlassen, an ihrer Schulter können Sie sich ausweinen, und in den schrecklichsten Momenten haben Sie eine Hand zum Festhalten.

Steinbock/Hund

Diese Person ist ruhig und intelligent. Er ist gesellig, verantwortungsbewusst und mitfühlend. Er ist respektvoll und hat hohe moralische Werte. Wenn sie sich einmal verliebt haben, sind sie sehr treu, aber eifersüchtig. Lügen haben in ihrem Leben keinen Platz, deshalb vertrauen sie jedem. Sie sind hartnäckig und übernehmen viel Verantwortung, sie streben danach, von anderen beachtet und respektiert zu werden. Sie wissen, wie sie mit ihren Finanzen umgehen müssen und behalten dabei ihre Ziele und den besten Weg, sie zu erreichen, im Auge.

Wassermann/Hund

Diese Menschen sind sehr verantwortungsbewusst und brauchen keine Unterstützung von anderen. Sie stellen ihre eigene Meinung über die der anderen. Sie zeichnen sich in jedem Beruf aus und verstehen es, sich in andere hineinzuversetzen, da sie gute Freunde sind. Sie wissen oft nicht, wie man die Realität erkennt, und können von ihren Wahrnehmungen besessen werden.

Er ist mit einer überragenden Intelligenz ausgestattet und hat daher das Gefühl, dass der Rest der Welt seinen Ansprüchen nicht gerecht wird.

Fische /Hund

Diese Menschen neigen dazu, in einer Wolke zu leben, weil sie Träumer sind. Sie würden alles tun, um an Geld zu kommen, weshalb sie in einen Zustand der Verzweiflung geraten können, der sie zu illegalen Handlungen verleitet. Aufgrund ihrer Angst vor Konfrontationen ziehen sie sich oft zurück und werden sehr verletzlich.

Sie lehnen Disziplin ab, lieben das Drama und sind launisch und intuitiv. Sie sind sehr misstrauisch, verstehen alles sehr gut und sind nicht egoistisch mit ihren Freunden.

Schwein

Widder/Schwein

Eine Kombination, die außerordentlich freundliche und umgängliche Menschen hervorbringt. Sie sind von Geburt an friedlich; sie hassen Probleme und Klatsch. Sie vermeiden Konflikte, sie riechen sie aus der Ferne. Sie sind optimistisch, haben eine ausgezeichnete geistige und emotionale Gesundheit und die Fähigkeit, hart zu arbeiten.

Sie sind daran gewöhnt, sich in sentimentalen Angelegenheiten selbst zu täuschen, und wenn sie deshalb eine Enttäuschung erleiden, werden sie zu einer Meringue. Sie sind großzügig, sie sind auf der ständigen Suche nach ihrem Seelenverwandten und wenn sie ihn finden, geben sie sich bedingungslos.

Stier/Schwein

Eine Mischung, die zu sehr entgegenkommenden Menschen führt. Sie lieben es, Spaß zu haben, sind fröhlich und haben viel Geduld. Sie sind fleißige Arbeiter und Kämpfer, und gutherzig. Sie sind manchmal unangenehm, wenn die Dinge nicht so laufen, wie sie es sich wünschen.

Ihre Großzügigkeit wird manchmal von skrupellosen Menschen ausgenutzt.

Sie sind mitfühlend, methodisch und im Einklang mit ihren Gefühlen.

Zwillinge/Schwein

Eine Kombination, die von Menschen in die Welt gesetzt wurde, die fröhlich, aber unverantwortlich sind. Sie können keine Verpflichtungen haben, weil sie überfordert sind.

Sie sind immer mit allen zerstritten und streiten sich gerne über Kleinigkeiten. Sie sind eifersüchtig auf ihre Partner, kontrollierend und unsicher. Ihre Fantasie ist stark, sie sehen Geister, wo es keine gibt, und ihr Ruf ist zweifelhaft.

Krebs/Schwein

Sehr selbstgenügsame Menschen. Sie halten sich für den Nabel des Universums und wollen von allen wahrgenommen werden. Sie kämpfen für ihren Erfolg und lieben den Ruhm.

Er ist fröhlich und ausgeglichen, aber sehr anfällig für Kritik. Sie haben plötzliche Stimmungsschwankungen und sind sehr aufrichtig im Ausdruck ihrer Gefühle. Für sie ist es wichtig, Geld zu haben, weil sie ihre Gefühlslage mit dieser Energie verbinden.

Löwe/Schwein

Diese Menschen sind Führungspersönlichkeiten, lieben das gute Leben und Kämpfen um die Annehmlichkeiten, die ihnen ihrer Meinung nachzustehen. Sie sind aber auch sehr mitfühlend und freundlich. Sie sind sensibel für die Gefühle anderer Menschen und großzügig gegenüber Familie und Freunden. Sie wissen, wie sie ihre Finanzen kontrollieren, können aber auch egozentrisch und launisch sein.

Sie genießen gesellschaftliche und familiäre Zusammenkünfte, bei denen alle zusammenkommen und ihre charismatische und attraktive Präsenz genießen.

Jungfrau /Schwein

Diese Verbindung gibt vernünftigen Menschen. Sie sind sehr diskret, und misstrauisch. Sie zeichnen sich durch ihren Altruismus aus, und wenn sie dir nicht helfen können, werden sie dich beraten. Bei Konflikten werden sie zu einem Eisklotz und brechen vielleicht kurzzeitig zusammen oder beschuldigen dich für ihre Missstände. Sie können pessimistisch sein, und wenn sie die Unterstützung erhalten, die sie brauchen, neigen sie zu Depressionen.

Sie verfolgen beharrlich ihre Ziele, sind ehrlich und mögen keine absurden Ziele.

Pfund /Schwein

Eine Kombination, die sich durch ihre Einsicht auszeichnet. Sie überschreiten niemals Grenzen, es sei denn, sie werden dazu ermächtigt, sei es bei Freunden oder Partnern. Sie sind brillant in Verhandlungen und zurückhaltend in ihren Meinungen.

Er tut sein Bestes, um nicht in Konfliktsituationen verwickelt zu werden. Er duldet keine Unwahrheiten, keinen Betrug und keine Ungerechtigkeit.

Skorpion/Schwein

Diese beiden Zeichen sind typisch für Menschen, die naiv erscheinen, aber hochintelligent sind. Sie analysieren dich gerne, um zu wissen, was du ihnen an Nutzen bringen kannst. Sie sind egoistisch und eitel. Sie haben ausgeklügelte Strategien, um die Liebe und Freundschaft anderer Menschen zu gewinnen. Sie sind charismatisch und genießen es, im Zentrum der Aufmerksamkeit zu stehen.

Sie sind planvoll, verabscheuen das Unerwartete und wechseln sehr leicht von Freude zu Traurigkeit.

Schütze /Schwein

Diese beiden Zeichen ergeben Personen, die mitfühlend und optimistisch sind. Sie zeichnen sich durch ihre Ehrlichkeit und ihre Abneigung gegen giftige Menschen aus. Sie sind Menschen, die, wenn sie etwas zu sagen haben, nicht um den heißen Brei herumreden, sondern direkt sind und es zu schätzen wissen, dass man es ihnen gleichtut. Sie schätzen die Meinung anderer, hören sich Ratschläge, die sie erhalten, dankbar an und haben eine beneidenswerte Energie.

Sie erreichen alles, was sie sich vorgenommen haben, denn wenn sie ein Ziel haben, setzen sie ihre ganze Energie und Konzentration darauf.

Steinbock/Schwein

Menschen mit diesen Zeichen sind sehr entspannt, sie gehen durch das Leben, ohne sich zu quälen und wissen, dass es immer eine zweite Chance gibt. Sie kommunizieren offen und sind sehr freundlich. Sie sind emotional, sie sind wirklich nett und mit ihnen wird es auf einer Party nie langweilig, denn sie haben immer etwas zu erzählen.

Ihr Temperament ist stark, sie sind sehr würdevoll, man kann ihnen vertrauen, und wenn man ihnen ein Geheimnis verrät, werden sie es mit ins Grab nehmen.

Aquarium /Schwein

Diese Kombination führt zu einer Tendenz zu unkonventionellem logischem Denken. Im Allgemeinen sind sie sehr ausgeglichene Menschen, und ihr Verstand ist immer aktiv, um nach den besten Lösungen für jede Konfliktsituation zu suchen.

Sie sind freundliche Menschen, die gerne mit anpacken, ihre Fehler immer erkennen und aus Erfahrungen lernen. Sie sind dafür bekannt, dass sie ein Röntgenauge für jedes Detail haben, und mit dieser Eigenschaft sind sie die richtigen Leute für Jobs, die diese Art von Fähigkeiten erfordern,

Fische /Schwein

Die Kombination dieser Zeichen ist typisch für Menschen, die viele spirituelle Werte haben. Sie sind friedlich und werden sich unter allen Umständen bemühen, nicht in Konflikte verwickelt zu werden. Sie sind nicht selbstsüchtig, und wenn sie für dich die Extrameile gehen müssen, werden sie es, ohne zu zögern tun.

Sie sind bewundernswerte fleißige Arbeiter, die ihr Bestes geben, auch wenn sie erschöpft sind. Sie hören nicht auf, wenn sie müde werden, sondern wenn sie fertig sind.

Über den Autor

Zusätzlich zu ihrem astrologischen Wissen verfügt Alina A. Rubi über eine reichhaltige berufliche Ausbildung; sie hat Zertifizierungen in Psychologie, Hypnose, Reiki, bioenergetischer Kristallheilung, Engelsheilung, Traumdeutung und ist spirituelle Lehrerin. Rubi verfügt über Kenntnisse in Gemmologie, die sie nutzt, um Steine oder Mineralien zu programmieren und sie in kraftvolle Amulette oder Talismane des Schutzes zu verwandeln.

Rubi hat einen praktischen und zielgerichteten Charakter, der es ihr ermöglicht hat, eine besondere und integrative Vision von mehreren Welten zu haben, die Lösungen für spezifische Probleme ermöglicht. Alina schreibt die Monatshoroskope für die Website der American Assoziation oft Astrologe; Sie können sie unter www.astrologers.com lesen. Zurzeit schreibt sie eine wöchentliche Kolumne in der Zeitung El Nuevo Herald über spirituelle Themen, die jeden Sonntag in digitaler Form und montags in gedruckter Form erscheint. Er hat auch ein Programm und ein wöchentliches Horoskop auf dem YouTube-Kanal dieser Zeitung. Ihr Astrologisches Jahrbuch wird jedes Jahr in der Zeitung "Diario las Américas" in der Rubrik Rubi Astrologa veröffentlicht.

Rubi hat mehrere Artikel über Astrologie für die monatliche Publikation "Today's Astrologer" verfasst und Kurse über Astrologie, Tarot, Handlesen, Kristallheilung und Esoterik gegeben. Auf ihrem YouTube-Kanal stellt sie wöchentlich Videos zu esoterischen Themen zur Verfügung: Rubi Astrologa. Sie hatte ihre eigene Astrologie Sendung, die täglich über Flamingo T.V. ausgestrahlt wurde, wurde von mehreren Fernseh- und Radiosendungen interviewt und veröffentlicht jedes Jahr ihr "Astrologisches Jahrbuch" mit dem Horoskop nach Sternzeichen und anderen interessanten mystischen Themen.

Sie ist Autorin der Bücher "Reis und Bohnen für die Seele" Teil I, II und III, einer Zusammenstellung von esoterischen Artikeln, die in Englisch, Spanisch, Französisch, Italienisch und Portugiesisch veröffentlicht wurden. "Geld für alle Taschen", "Liebe für alle Herzen", "Gesundheit für alle Körper", Astrologisches Jahrbuch 2021, Horoskop 2022, Rituale und Zaubersprüche für den Erfolg im Jahr 2022 und 2023 Zauber und Geheimnisse, Astrologie Kurse, Rituale und Zaubersprüche 2024 und Chinesisches Horoskop 2024, alle in neun Sprachen erhältlich: Englisch, Russisch, Portugiesisch, Chinesisch, Italienisch, Französisch, Spanisch, Japanisch und Deutsch.

Rubi spricht perfekt Englisch und Spanisch und kombiniert alle ihre Talente und Kenntnisse in ihren Lesungen. Sie wohnt derzeit in Miami, Florida.

Weitere Informationen finden Sie **auf der Website www.esoterismomagia.com.**

Angeline A. Rubi ist die Tochter von Alina Rubi. Sie ist die Herausgeberin aller Bücher. Derzeit studiert sie Psychologie an der Florida International University. Sie ist die Autorin von „Protein für den Geist" einer Sammlung von metaphysischen Artikeln.

Seit ihrer Kindheit interessiert sie sich für metaphysische und esoterische Themen und praktiziert Astrologie und Kabbala seit ihrem vierten Lebensjahr. Sie hat Kenntnisse in Tarot, Reiki und Gemmologie.

Für weitere Informationen kontaktieren Sie sie bitte per E-Mail: **rubiediciones29@gmail.com**